STEVE NAKAMOTO

Habla como un triunfador

21 REGLAS SIMPLES QUE
TE AYUDARÁN A OBTENER
MAYOR ÉXITQ EN TU
COMUNCACIÓN DIARIA

TALLER DEL ÉXITO

Habla como un triunfador

Publicado por:

Taller del Exito, Inc
1669 N.W. 144 Terrace, Suite 210
Sunrise, Florida 33323
Estados Unidos
www.tallerdelexito.com

Editorial dedicada a la difusión de libros y audiolibros de desarrollo personal, crecimiento personal, liderazgo y motivación.

Ilustraciones y caricaturas: Joe Kohl
Diseño de portada: Diego Cruz
Primera edición publicada por Taller del Éxito 2009

ISBN 10: 1-607380-14-5
ISBN 13: 9781607380146

Printed in the United States of America
Impreso en Estados Unidos

13 14 15 16 17   R|UH 11 10 09 08 07

Este libro está dedicado a todos los que se interesan por mejorar diariamente su capacidad para comunicarse efectivamente, y que luchan por alcanzar la clase de éxito y felicidad, tanto en el trabajo como en la vida cotidiana, que ellos muy en su interior saben que merecen.

Estas reglas tan poderosas y simples te llevarán al éxito. Puede que no te des cuenta que estar leyendo este libro no es casualidad, pues lo que realmente indica, es que en este momento de tu vida ya te encuentras listo para recibir estos mensajes y tener total conciencia del impacto que ellos van a causar en el cumplimiento de tus metas.

¡Te garantizo que la jornada que estás a punto de comenzar, será mucho más fácil y divertida de lo que jamás hubieras podido imaginar! Realmente, todo lo que tienes que hacer en este instante, es enamorarte de la idea de *"¡hablar como un triunfador!"* No tendrás que forzar nada porque será un proceso muy natural, pues ya Dios ha puesto muy dentro de ti las habilidades necesarias para lograrlo.

¡Yo solo estoy aquí para ayudarte a descubrirlas!

Con amor y por tu éxito,

Steve

EXENCIÓN DE RESPONSABILIDAD

Este libro está diseñado para proporcionar ideas sobre comunicación, relaciones interpersonales y éxito. Está en venta con el conocimiento que, tanto el editor como el autor, no están involucrados con la prestación de ningún tipo de servicios profesionales. Si se requiriera alguna clase de consulta profesional, se recomienda buscarla con previa anticipación.

Se ha hecho todo el esfuerzo para presentar este material de la manera más completa y clara posible. Sin embargo pueden existir errores tanto de orden tipográfico como de contenido. Se recomienda utilizarlo como una guía general para explorar ideas y no como la máxima autoridad en comunicación, desarrollo personal y de formación sicológica.

Las historias aquí mencionadas, aunque contienen algunos aspectos verídicos, han sido modificadas para no revelar la identidad de sus personajes. Cualquier parecido con la vida real es estricta coincidencia.

El propósito de *"Habla como un triunfador"* es orientar, inspirar y entretener al lector. El autor y el editor no tienen ninguna responsabilidad hacia personas o entidades con respecto a pérdidas, daños causados o reclamos hechos directa o indirectamente a causa de la información, ideas o tareas asignadas aquí.

Si no quieres tener implicaciones relacionadas con los enunciados mencionados arriba, estás en el derecho de retornar este material a la editorial Java Publisher, para la inmediata devolución de tu dinero.

Contenido

INTRODUCCIÓN

Este libro te enseñará "cómo hablar en *privado*" y no sobre "cómo hablar en *público*". Cuando digo "hablar en *privado*", me estoy refiriendo al uso efectivo de la habilidad para comunicarnos diariamente. Para la mayoría de la gente, hablar en *privado* no parece ser un tema muy importante ni atrayente. Después de todo, ¿no sabe todo el mundo cómo hablar en *privado* y efectivamente con sus amigos, familiares, compañeros de trabajo y socios? Además, ¿no se supone que una persona que alcanza la excelencia en sus discursos públicos, también posee el talento natural para comunicarse, como un recurso invaluable para conseguir el éxito a nivel personal y profesional?

Sin embargo, a lo largo de mi experiencia he descubierto que es el discurso en *privado* y *no* el discurso en *público*, lo que se convierte en el verdadero secreto que te ayuda a desarrollar tu potencial para superarte y ser feliz. Es esta habilidad de interactuar a nivel personal, a través de un discurso efectivo, la que genera la fuerza y belleza que habita en cada uno de nosotros y que el mundo entero disfruta, valora y respeta.

Y por esas cosas raras del destino, parece que en la medida que mejoras tu discurso en privado, más fácil es desarrollar efectivamente tu discurso en público, así como también la confianza en ti mismo. En esta *Introducción* descubrirás cómo llegué a concluir la veracidad de este enunciado.

EL PROFUNDO SECRETO GUARDADO MUY DENTRO DE MÍ

Durante gran parte de mi vida había sentido un tremendo temor a hablar en público. Recuerdo una lamentable ocasión en que tuve que presentar un reporte oral en mi clase de inglés durante séptimo grado y comencé a temblar y a perder el aliento; incapaz de terminarlo, paré y permanecí frente a mis compañeros, mientras el señor

Heilman, mi descorazonado profesor, criticó durante largo rato mi vergonzosa y pobre participación.

Pronto desarrollé una intensa respuesta de antipatía a situaciones donde tuviera que hablar frente a otra gente. De alguna manera logré deslizarme por la secundaria y la universidad, inventando excusas, faltando con ciertas tareas y dejando de asistir intencionalmente a las clases que requirieran mi participación en discursos, presentaciones orales o lecturas en voz alta al resto de la clase.

Una de las pocas veces que tuve que afrontar este temor durante mi vida adulta, fue cuando di el discurso más corto del mundo, como padrino durante el brindis de la boda de un amigo. Dicho brindis fue algo así como: *"Felicitaciones a esta hermosa pareja de Kurt y Linda. ¿Qué mas podría decir?"*

Para cuando había alcanzado mis 30's, ya me estaba resignado a una vida durante la cual mantendría para siempre en secreto esta aversión a hablar en público.

ENCONTRANDO EL CORAJE PARA CAMBIAR

Ocurrieron muchas cosas durante mis 30's, como mudarme a una área nueva, finalizar una relación sentimental bastante larga, además de acabar involucrado en un accidente automovilístico que casi llega a ser fatal. Poco tiempo después de este evento, un amigo me invitó a escuchar el discurso de un hombre llamado Tony Robbins, a quien describió como una persona joven, entusiasta, y el gurú de la técnica de la elocuencia para hablar en público que probablemente un día podría convertirse en el presidente de los Estados Unidos. (Nota: en este momento Anthony Robbins no había llenado las expectativas de mi amigo para ser presidente de los Estados Unidos, pero había logrado su reputación como el conferencista #1, con mayor experiencia y mejor pago del mundo. Todavía sigue siendo admirable).

Para abreviar, fui a escuchar el discurso de Tony Robbins, me inscribí en su seminario de fin de semana, y aprendí entre otras cosas, algunas técnicas terapéuticas para sobreponerme al temor. Gradualmente me fui involucrando en la totalidad de sus variados programas de superación personal hasta que, en uno de sus más íntimos talleres, fui capaz de levantarme frente a cien personas y revelé mi temor a hablar en público. Como era de esperarse, comencé a temblar, me fallaba la voz y me faltaba el aire.

¡Pero a pesar de esta vergüenza pública, había logrado crear un momento definitivo en mi vida! Esta era la primera ocasión en que mi coraje había triunfado, es más, había sobrepasado mi temor a la humillación. Y aunque las técnicas terapéuticas de superación propuestas durante los seminarios de Tony Rubbins no terminaron instantáneamente con mi temor, sentí que de alguna manera mi coraje y sentido de compromiso me ayudarían finalmente a encontrar la forma de resolver el reto de poder expresarme frente a otros durante el resto de mi vida.

ESTANCADO EN MI CAMINO A LA RECUPERACIÓN

Durante los siguientes años, participé en ciertas clases y seminarios relacionados con comunicación, crecimiento personal y liderazgo. Algunos de estos eran muy elementales para mí, como por ejemplo esas técnicas que enseñan cómo hablar con cualquier persona y lograr que la gente se interese en ti. Por otro lado, los cursos en comunicación avanzada, tales como los relacionados con hipnosis y persuasión inconsciente, me parecían muy manipuladores y poco naturales. A pesar de las quejas presentadas frente a este tipo de eventos sobre comunicación avanzada, me di cuenta que dichos entrenamientos estaban más dirigidos hacia convertir a las personas en excéntricas, que en ayudarles a llegar a ser la gente confiable y amable que participa en tantos de esos seminarios que se ofrecen por todo el mundo.

A este punto, en el camino a mi recuperación, esencialmente se me había acabado la forma de seguir avanzando en el proceso de autoayuda que me llevaría a superar mi temor frente al discurso en público. A pesar de mis inversiones en términos de tiempo, dinero y esfuerzo, muy en mi interior todavía sentía que mi progreso para lograr una comunicación efectiva y confiable seguía siendo mínimo.

LO QUE MI INSTRUCTOR FRANCÉS DE ESQUIAR ME ENSEÑÓ

Uno de los deportes que más disfruto, pero para el cual nunca he sido bueno es esquiar en la nieve. Fui muy competente para surfear en el mar durante mi juventud, pero esquiar en la nieve enfrentando esas montañas tan altas era todo un reto atlético para mí. Así que durante mi edad adulta decidí acercarme a este deporte con la total convicción de convertirme en un excelente esquiador, tomando unas costosas clases en grupo del mencionado deporte.

Después de varios años de aprendizaje, me fui a un club de montañismo en un centro vacacional ubicado en la montaña Cooper de Colorado, para una semana entera de instrucciones y entrenamiento intensivo. Durante esos siete días, mi instructor francés de esquiar permaneció bastante tiempo conmigo, mostrándome diferentes técnicas y compartiéndome su filosofía sobre cómo dominar el esquí. Más aún, me dijo algo que cambiaría mi vida para siempre y no fue simplemente sobre esquiar. Me dijo esto: "Steve, no puedo mostrarte más técnicas. Si quieres mejorar, sencillamente vas a tener que esquiar más millas".

Lo que esto significaba para mí, era que necesitaba practicar mucho más, desarrollando una serie de ejercicios sencillos que me ayudaran a tener una base solida en este deporte. Y relacionando este consejo con mi habilidad de hablar en público, no necesitaba de más seminarios, ni técnicas avanzadas en comunicación para lograr ser más efectivo y sentirme más confiado. Lo que requería era practicar mucho teniendo en cuenta las bases fundamentales de lo que ya sabía.

MI CAMPO DE ENTRENAMIENTO: GUÍA TURÍSTICO

Durante la primera semana de enero del 2002 vi un aviso en la edición dominical de "Los Ángeles Times", en la sección de Turismo que decía: "Gane dinero por viajar". Semejante aviso me intrigó y pronto me encontré en una reunión para saber cómo convertirme en un guía de turismo profesional y certificado. Aprendí que después de obtener la certificación podría liderar grupos, viajar por el mundo y ganar dinero por eso.

Sin importar las inclinaciones profesionales que tenía en ese momento, escogí esta opción porque me representaba una oportunidad con un nivel de presión bajo para practicar y refinar mis habilidades comunicativas. Esencialmente, esta circunstancia me ofrecía la ocasión de trabajar durante ocho horas de hablar en público practicando con diferentes temas, situaciones y en auditorios que variaban constantemente.

Mi primera asignación fue con un grupo de 35 o más turistas británicos y australianos durante un viaje de 14 días a través de la parte occidental de Estados Unidos y Canadá.

En mi papel como guía turístico, tenía que relacionarme correctamente con una gran cantidad de gente de diferentes culturas, sobre temas que yo no conocía ni manejaba muy bien, como por ejemplo Historia, Política, Geología y Horticultura. También se esperaba que yo fuera muy amable y profesional durante el desarrollo de mi trabajo, pues de otra forma recibiría una evaluación muy pobre por parte de los pasajeros, lo cual podría tener como consecuencia la terminación de mi contrato de trabajo.

Para ser bastante sincero, al principio yo no era muy bueno en el desempeño de mi función, pero hacia el tercer año de mi carrera ya estaba comenzando a sentirme muy cómodo y efectivo, como también muy buen comunicador en todas las áreas de mi cargo como guía turístico.

MI PRUEBA DE FUEGO: ENTREVISTAS EN LA EMISORA 220 RADIO PLUS

En el año 2000, escribí un libro llamado *"Men Are Like Fish: What Every Woman Needs To Know About Catching A Man" ("Los Hombres Son Como Peces")*. La idea de este libro vino a mí como resultado de mis experiencias en el mundo de las citas amorosas, combinado con el uso de la metáfora como una herramienta de aprendizaje y con mi amor eterno por el deporte de la pesca.

En este libro hice una analogía detallada de cómo atrapar a un hombre desde la perspectiva de la mujer, es bastante similar a la forma en que el pescador atrapa su pez. Esencialmente, en este deporte el pescador debe saber qué clase de pez quiere atrapar para emplear la carnada correcta, crear una conexión fuerte con el anzuelo, y atraer hábilmente su víctima a una red segura.

En la misma forma, una mujer que busca atraer el amor de un hombre, debe saber qué clase de individuo quiere, cómo atraer su atención, crear un lazo emocional fuerte, y lograr hábilmente que su elegido establezca un compromiso con ella.

Con un título tan intrigante como el de *"Men Are Like Fish: What Every Woman Needs To Know About Catching A Man" ("Los Hombres Son Como Peces")*, para mí fue muy fácil encontrar estaciones de radio que quisieran tenerme como su experto invitado especial durante sus programas radiales de mañana y tarde. Generalmente estas emisoras me requerían en espacios de 10 a 15 minutos para entretener e informar a sus oyentes sobre formas asombrosas en que "los hombres" podían caer en las redes de "mujeres pescadoras".

Promover mi libro asistiendo a las distintas emisoras fue un tiempo de prueba para evaluar mis capacidades de comunicación. Mientras que ser guía turístico me había dado la libertad para expresarme y practicar por espacios de 8 horas diarias y continuas, ser un invitado por espacios tan breves en una estación de radio, demandaba que en tan corto tiempo, desde el principio hasta el final, yo sonara atractivo, interesante y conciso, bajo la presión de saber que me encontraba actuando en vivo y en directo frente a audiencias de varios miles de personas.

Con el alto costo del tiempo en el aire, un invitado debía ser instantáneamente interesante o de lo contrario se exponía a que el locutor o el gerente del programa lo sacaran del aire. Por ejemplo, Jay Thomas, un locutor muy famoso por sus programas radiales en la ciudad de Nueva York, ¡me desconectó el micrófono después de llevar tan solo 2 minutos al aire! Era evidente que no le habían gustado para nada mis respuestas a sus preguntas sobre hacer citas amorosas, y pensó que yo era muy poco serio e irrespetuoso con mi lista aparentemente interminable de analogías de pesca.

Aprendí mucho de mis dos experiencias, tanto de los triunfos como de las derrotas, como la que acabo de contar del programa de Jay Thomas en la emisora de Nueva York. Quizás, la mayor lección que aprendí con respecto a la comunicación en cualquiera de sus aspectos, es que lo más importante no es *cuánto sabes*, sino *qué tanto te conectas con tu audiencia*. Cuando te diriges al público, ya sea en un programa radial en una ciudad como Nueva York, o cuando hablas con una persona en tu trabajo, la creación de un vínculo afectivo con tu audiencia, es lo que efectivamente hace que la conversación tenga éxito.

MI ÚNICA PERSPECTIVA: CONVERTIRME EN "EL SEÑOR-RESPUESTA"

Durante un espacio de tres años, permanecí exitosamente al aire en aproximadamente 220 programas radiales y televisivos promocionando mi tema de *Men Are Like Fish: What Every Woman Needs To Know About Catching A Man* ("Los Hombres Son Como Peces"), y logré captar la atención de *iVillage.com*, la comunidad de mujeres más grande del mundo; ellas me contrataron para hacer la función de consejero de parejas bajo el título de "El Señor-Respuesta". Lo que hacía era manejar las inquietudes de mujeres alrededor del mundo (en promedio de 75 diarias) y les ayudaba a entender a su pareja desde mi honesta perspectiva de hombre.

Con los años me convertí en una especie de "doctora corazón" versión masculina. Cuando aconsejo, me enfoco en ser visiblemente comprensivo, amigable y colaborador. Como resultado de ser "El Señor-Respuesta" durante cuatro años maravillosos, probablemente he escuchado a diario más situaciones de la vida real que cualquier otro hombre en los Estados Unidos.

En enero de 2007, después de leer y responder a una larga lista de preguntas sobre relaciones interpersonales para *iVillage.com,* se me ocurrió una idea. Repentinamente me di cuenta que *un gran número de problemas que la gente tiene en sus relaciones, se reduce a los retos que existen en el área de los principios básicos de la comunicación.*

Es entonces cuando decidí comenzar a trabajar en un manuscrito dirigido a las múltiples facetas que intervienes en la comunicación diaria. Eventualmente se convirtió en este libro, *"Habla Como Un Triunfador".*

¿QUÉ FALTABA EN LAS ESTANTERÍAS?

En mi búsqueda observé que había suficientes libros dirigidos a principiantes en comunicación con un nivel alto de temor y sentimientos de auto-rechazo. También vi que existían bastantes títulos sobre la fuerza de la persuasión y sobre técnicas involuntarias de la comunicación para vendedores profesionales y personas en altas posiciones de liderazgo. Lo que estaba haciendo verdadera falta, era *el curso intermedio de comunicación* que sirviera de puente en el enorme vacío existente entre el novato y el experto en el tema.

Como en el deporte de esquiar, la abrumadora mayoría del público se encuentra atrapada en el nivel intermedio del desarrollo de sus habilidades. Esta es la gente cuya experiencia es suficientemente buena como para pasar por la vida, pero cuyas destrezas sin embargo no son tan malas como para pensar que necesitan ayuda. Es más, la mayoría de la gente piensa que son los demás quienes requieren buscar ayuda en el área de la comunicación y rara vez es responsabilidad propia ayudar a solucionar los problemas de pareja por la incapacidad personal de una correcta comunicación.

Este libro está dirigido a los individuos que aspiran con grandeza en cuanto a sus habilidades de comunicación, a sus relaciones interpersonales y al cumplimiento de sus metas en la vida. Está dedicado a quien se de cuenta *que las habilidades promedio traen, en el mejor de los casos, resultados promedio, pero que la fama está reservada para los que trabajan fuerte e inteligentemente para dominar las habilidades determinantes en la vida.*

¿EXACTAMENTE CÓMO MEJORAS TU NIVEL DE COMUNICACIÓN?

Con mi experiencia basada en más de 18 años de estudio, prácticas y pruebas, he concluido que la mayoría de la gente cree que su responsabilidad básica en la comunicación interpersonal consiste en hablar. Las áreas que más se pasan por alto y que son subestimadas en este proceso diario de comunicar son: (1) Escuchar al otro mientras habla. (2) Evaluar el significado del mensaje. (3) Responder inteligentemente. Eso como para nombrar algunas cosas.

En un análisis más cercano, he identificado 21 ingredientes claves en el desarrollo de la comunicación personal efectiva a los cuales llamo "reglas simples". Y son simples porque he reducido la esencia de cada una de ellas a términos familiares tales como "selecciona", "impacta", "pregunta" y "medita". Tan simples como parecen, son reglas poderosas porque pueden ayudarte a mejorar radicalmente tus hábitos de conversación. Y puedo llamarlas "reglas" porque si infringes el principio que hay en cada una de ellas, se puede decir que serás "castigado" porque estarás recibiendo constantemente la sanción de tus bajos resultados en la vida.

Al mismo tiempo, creo que hay una razón importante por la cual gran parte de la gente no consigue efectos más consistentes en la comunicación diaria. Ciertamente, muchos no saben a ciencia cierta qué hacer o en qué parte de la conversación deben tomar ciertas acciones. Fuera de eso, rara vez practican y evalúan diariamente lo que necesitan hacer. Como resultado, nunca desarrollan niveles más altos de comunicación efectiva.

¿CUÁL ES EL PROBLEMA SI NO TE COMUNICAS APROPIADAMENTE?

Un profesor muy sabio compartió alguna vez esta gran enseñanza conmigo. Me dijo que la infelicidad humana proviene más frecuentemente del conocimiento inadecuado que tienen las personas acerca de las cosas, que del conocimiento amplio que poseen sobre las mismas. Es algo así como llegar a la tumba con todos los regalos que te dio la vida sin haberlos abierto, ni usado, ni apreciado dentro de ti.

Créeme, yo sé lo que se siente. Mis temores para hablar me hicieron más cínico y retraído de lo que yo mismo pensaba. Mi miseria interna había estado cubierta durante años de ocultar mis temores. Pero lo que era aún peor, era el hecho que me había resignado a pasar el resto de mi vida con el sentimiento conformista de ser menos de lo que realmente podía llegar a ser.

Sinceramente espero que tengas la capacidad de ver la fuerte conexión que existe entre dominar diariamente tus niveles comunicativos y convertirte en un individuo más feliz y vencedor. ¡No te robes a ti mismo permitiendo simplemente que las cosas te resbalen ni te trances pensando que lo mejor que puedes obtener de la vida son unos resultados mediocres!

Desde que escogiste este libro, sospecho que hay más de ti como persona de lo que el mundo está viendo actualmente. Y eso no es lo más importante. Lo que sí es realmente crucial, es que *tú* sabes muy internamente que hay mucho más para ti de lo que estás viviendo actualmente, y que *tú* eres el único que puedes hacer algo al respecto para lograr el cambio.

LA REGLA DE ORO: ¡TÚ ERES EL DISEÑADOR TU FUTURO!

Hay dos clases de personas en la vida: los vencedores y los perdedores. Estos últimos siempre toman el camino fácil y es así como permiten que sus sueños y aspiraciones se vayan desvaneciendo poco a poco; la escusa del perdedor para sus bajos resultados frecuentemente consiste en decir que el triunfo y la satisfacción personal no fueron las cartas que le salieron en su juego.

De otra parte, los vencedores toman responsabilidad y control total de su vida y se disponen a soportar los inconvenientes del presente para ganar, alcanzar y dirigirse hacia lo que realmente desean obtener en el futuro. Y sobre todo, ellos se dan cuenta que en el amplio panorama de la vida es necesario aceptar (tanto en el éxito como en la derrota) la clase de persona en la cual se convirtieron.

Para convertirte en un vencedor necesitas tomar decisiones claras. ¿Estás dispuesto a hacer un compromiso firme sobre lo que determines que va a ser tu futuro trabajando y mejorando tus habilidades comunicativas? Puedo decirte con base en mi experiencia, que los esfuerzos por tu crecimiento en esta área serán altamente recompensados tanto a corto como a largo plazo.

Si tu respuesta a todo esto es: "Voy a dejar pasar todo este razonamiento porque parece que requiere mucho de mi parte", entonces te deseo buena suerte. Sí, porque suerte es exactamente lo que tu futuro va a necesitar si decides dar esta clase de respuestas. Pero si decides que este es el tiempo y el lugar para mejorar tus hábitos conversacionales, entonces permíteme decirte: "¡Felicitaciones!"

Además, quisiera dejarte con estos pensamientos...

"Me siento profundamente alagado con tu decisión de leer este libro. Prometo darte lo mejor que tengo para que tu inversión en términos de tiempo y dinero valga la pena, y te agradezco por darme el privilegio de compartirte mis experiencias con la posibilidad que ellas hagan un gran cambio en tu vida".

¡Por nuestra magnifica jornada!

—Steve Nakamoto
Huntington Beach, California
Febrero de 2008

CÓMO UTILIZAR ESTE LIBRO

Este libro está lleno de ideas concisas e información, lo cual fácilmente podría causar que algunos lectores se sientan intimidados o sobrecargados, por eso es importante que te aproximes a él, de tal manera que lo encajes con tus circunstancias de tiempo, con tus horarios, con tu necesidad personal y con tu forma de aprender.

Mi intención es *ayudarte a adquirir la mayor información de la mejor manera posible,* para que puedas mejorar tu vida. Pero para lograrlo necesitamos encontrar el enfoque con el cual puedas sacar el mejor provecho.

Con esto en mente, te sugiero las siguientes ideas...

Algunos de ustedes se deslizarán rápidamente a lo largo del libro para identificar los aspectos que ya conocen y se devolverán para adquirir lo que fue de su mayor interés. Esta es la forma más rápida y fácil para los que ya tienen una base solida en el tema pero quieren llenar algunos puntos ciegos en particular.

Otras lectores probablemente quieran leerlo sobre la base de un capitulo por semana, con más detalles que les permitan ir en un proceso de aprendizaje paso a paso. Este es el método que definitivamente recomiendo para los que quieren hacer grandes cambios en su forma de comunicarse y están dispuestos a trabajar consistentemente.

Y también habrá algunos lectores, que decidirán elegir una página o un tema específico para ayudarse en alguna situación o necesidad actual en su vida. Ésta será una buena opción en la medida que recuerden mantener el libro a mano para poder referirse a él rápida y frecuentemente.

Habla
como un
triunfador

21 REGLAS SIMPLES QUE
TE AYUDARÁN A OBTENER
MAYOR ÉXITO EN TU
COMUNCACIÓN DIARIA

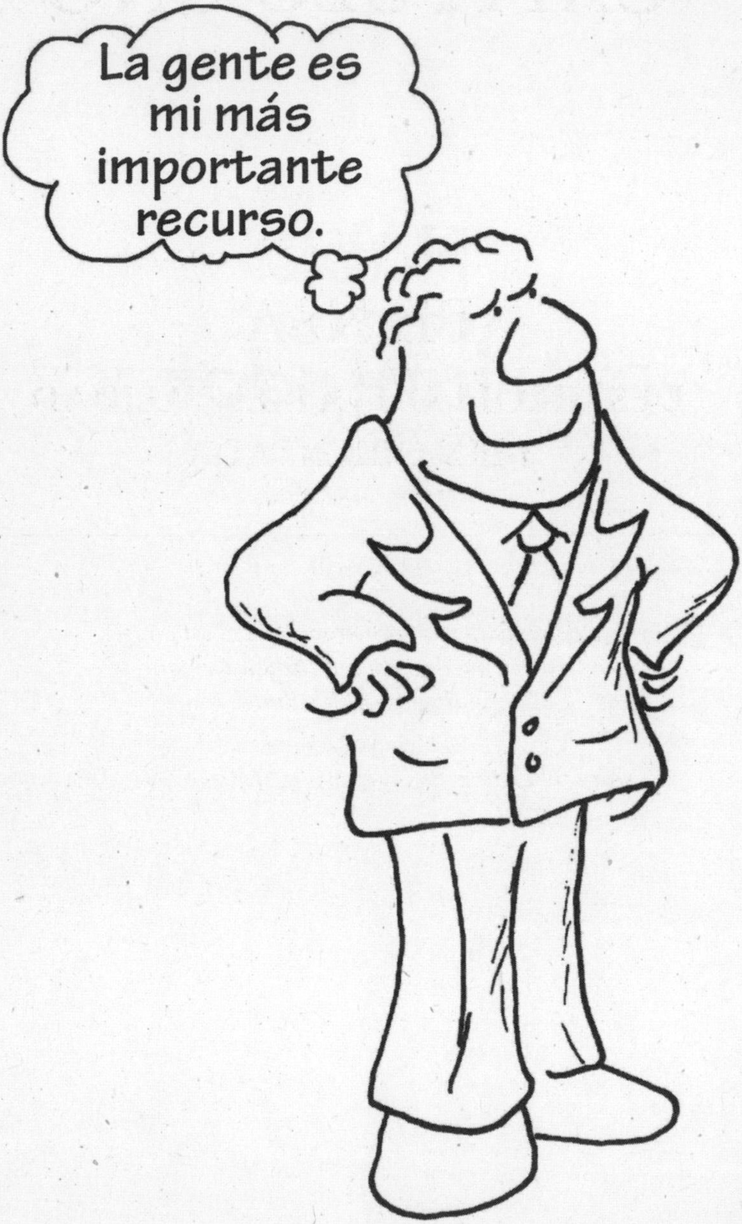
La gente es mi más importante recurso.

CAPÍTULO UNO

PIENSA

DESARROLLA UNA MENTALIDAD BIEN ORIENTADA

"La mente es más vulnerable que el estomago porque puede estar envenenada sin que el dolor sea inmediato".

—Helen MacInnes
Autora del libro "Assignment in Brittany" (1942)

PENSAR: 1. Razonar sobre algo, considerar, o formular mentalmente. 2. Procesar mentalmente información, ideas o conceptos para tratar de alcanzar efectivamente deseos internos y externos. 3. Como se aplica en este libro, es el primer nivel en el cual debes organizarte para obtener éxito en tu comunicación diaria y la forma optima de establecer y desarrollar extraordinarias relaciones interpersonales.

¡Estás a un paso de comenzar a dar rienda suelta al triunfador que hay en ti! Todos tenemos la fuerte tendencia a manejar nuestras conversaciones diarias con un alto nivel de informalidad. Uno de tus grandes objetivos para llegar a ser un experto en la comunicación, es que analices seriamente los efectos, tanto positivos como negativos, de la manera en que te comunicas con otros, para que puedas apoderarte de una forma de pensar más productiva, que te lleve naturalmente a construir mejores relaciones personales y profesionales, a través de hábitos de comunicación más efectivos.

Muchos de los últimos modelos de carros lujosos, como el Lexus y el Acura, son fabricados con sofisticados sistemas de navegación que se activan con la voz. Al activar el sistema con un comando de voz que le proporcione la dirección, o inclusive el número telefónico, el conductor de este tipo de vehículos puede recibir instrucciones y manejar con toda exactitud a través de los Estados Unidos y las principales ciudades de Canadá.

Esto significa que ya no necesitas ser un experto en la lectura de mapas para llegar al destino deseado, aún si no estás familiarizado con la zona. Con estos sofisticados sistemas de navegación se reduce dramáticamente la posibilidad de perderte o malgastar tiempo valioso cuando conduces por tu ciudad, o en el camino a importantes citas de negocios.

Ya sea que estés manejando un Lexus o un Acura, o tratando de alcanzar algo muy valioso en tu vida, es importante contar con un sistema de orientación muy preciso, que te lleve del punto en el cual te encuentras actualmente al punto al que quieres llegar en el futuro. Andar dando vueltas sin tener un rumbo fijo puede significar una pérdida de tiempo y energía bastante frustrante en cualquier campo de la vida.

TU PENSAMIENTO ES EL CONDUCTOR
DEL VEHÍCULO DE TU VIDA

Todo lo que se produzca en el cerebro humano, llámense pensamientos, ideas o cualquier cantidad de información, construye nuestra forma individual de pensar, la cual afecta nuestros hábitos y comportamientos, y es esa forma de pensar lo que constituye el factor más determinante del resultado de nuestra vida.

> *"Pensar es un dialogo silencioso, es la conexión*
> *de nuestras ideas, es la búsqueda de significado.*
> *La actividad del pensamiento contribuye*
> *y da forma a todo lo esencialmente humano".*
> —Vera John-Steiner,
> *autora de "Notebooks of the Mind" (1985)*

Nuestra forma de pensar proviene de la combinación de las referencias que tenemos en la vida, las cuales se van construyendo con experiencias personales, con los modelos que escogemos, con los grupos de amigos que frecuentamos, con las tendencias de la época y con la educación que recibimos, ya sea formal o informalmente. Sin embargo, no siempre escogemos sabiamente los modelos que influencian nuestra manera de pensar y terminamos utilizando referencias anticuadas, distorsionadas o destructivas.

Por ejemplo, la mayoría de las cosas, si no todas, que nos ocurrieron cuando estábamos en la escuela primaria, no son relevantes en la actualidad. Recuerdo que tenía mis dientes torcidos y un pésimo corte de cabello cuando estaba en segundo grado de educación básica. Algunos de mis compañeros más odiosos se burlaban de mí con el sobrenombre "colmillo blanco", debido a un personaje de las caricaturas que era popular en esa época. Esto hacía que yo quisiera vengarme llamándolos con otros sobrenombres igualmente ofensivos. Me comportaba así aún en mi edad adulta, hasta que alguien me hizo caer en cuanta sobre la forma en que estaba afectando negativamente a otras personas. Obviamente, esto estaba acabando con mis posibilidades de desarrollar mejores relaciones interpersonales con los amigos, compañeros de trabajo y colegas de quienes me burlaba a sus espaldas.

William James, el prominente filósofo y sicólogo americano (1842-1910) escribió: "El gran descubrimiento de mi generación es saber que los seres humanos pueden cambiar sus vidas, cambiando la actitud de sus mentes". En nuestra propia vida, la forma más inteligente de alcanzar las metas y deseos, es comenzando por usar esta fórmula, localizando y revisando las actitudes mentales que debemos cambiar.

Si una de tus metas consiste en establecer o mejorar tus relaciones por medio de una forma efectiva de comunicarte, entonces hay ciertas maneras de pensar que te ayudarán a lograrlo. El primer paso es *deshacerte de hábitos destructivos* como el que yo tenía de darle a la gente ¡sobrenombres despreciables! El segundo paso es remplazar esos malos hábitos adquiriendo unos nuevos y poderosos que guíen tus acciones en un proceso natural hacia la construcción de mejores relaciones.

LA GENTE ES TU MAYOR RIQUEZA

Un buen punto de partida para que comiences a adquirir una mentalidad bien orientada hacia una comunicación efectiva, es el hecho que puedas apreciar el gran valor que las demás personas te dan con sus ejemplos, bien sean de excelencia o inefectividad para expresar sus ideas. Si te haces consciente de esto, puedes adoptar todos los buenos hábitos que observas en otros individuos para aprender a no cometer los errores y las actitudes que no dejan buenos resultados.

Si decides prestar atención a los estilos de comunicación que te rodean, y los aplicas en tu forma de expresarte, éstos te ayudarán a acelerar tu proceso de aprendizaje porque serán tu ejemplo vivo de personas de carne y hueso, que te muestran en la realidad lo que significa comunicación.

Por ejemplo, una mujer puede decidir que uno de sus modelos a seguir en este campo sea alguien como la actriz Angelina Jolie, la conductora de programas de opinión Oprah Winfriey, la senadora Hillary Clinton, la comediante Ellen DeGeneres, la presentadora de noticias Katie Couric y/o la actriz Julia Roberts. Sin embargo, para mayores resultados también puede elegir varios de estos modelos al mismo tiempo, con lo cual podría ayudarse a desarrollar con mayor rapidez su estilo personal de interactuar con otros.

En el caso masculino, buenos modelos de comunicación efectiva podrían incluir personas como los presentadores de programas nocturnos Jay Leno y David Letterman, el ex-presidente Bill Clinton, el reportero deportivo de televisión Bob Costas, el consejero de mercadeo Jim "Mad-money" Cramer, el sicólogo del programa televisivo doctor Phil Mcgraw, el senador Barack Obama, el magnate millonario Donald Trump, como para nombrar algunos buenos ejemplos. Ellos son hombres que se comunican efectivamente, con claridad y pasión, transmitiendo mensajes que impactan al oyente poderosamente.

Cuando te haces consciente del regalo que puedes recibir de otra gente a través del ejemplo, ya sea éste de excelencia o de inefectividad, comienzas a disfrutar de la oportunidad de interactuar con más personas. Después de todo, tu máximo interés debe ser el de tener la oportunidad de alternar con la mayor variedad de individuos posible, porque este hecho se convertirá en tu más preciado tesoro en el desarrollo de los hábitos efectivos de comunicación que tan arduamente deseas mejorar para saber construir relaciones duraderas.

REGLA # 1:
DESARROLLA UNA MENTALIDAD BIEN ORIENTADA

Demos una mirada a ciertos modos constructivos de pensar que te ayuden en la tarea de mejorar tu estilo de comunicación. Algunas de estas ideas probablemente ya sean parte de tus estrategias y podrás tomarlas como una reafirmación de estar haciendo lo correcto; otras de estas sugerencias te ayudarán a considerar seriamente acerca de, qué otros aspectos puedes implementar en tu proceso para desarrollar una mentalidad bien orientada.

Խ *Donde hay el deseo, hay la forma:* esta manera de pensar es más que un simple refrán, pues puede ser la fuerza que conduce tus pensamientos hasta el éxito. Todos tenemos cosas en la vida que nos gustaría lograr, hacer y alcanzar, pero para conseguir esos objetivos, es necesario encontrar y mantener vivo el deseo de triunfar. En relación con este tema específico del manejo de una comunicación eficaz que te permita recibir todos los beneficios que esta habilidad provee, realmente debes anhelarlo. Si tu deseo es débil, entonces al primer intento fallido abandonarás tu meta. Pero si tienes una voluntad férrea para vencer, entonces *buscarás* la manera de lograrlo. Decide entonces muy dentro de ti, *que en esta lucha, la autocompasión no vencerá sobre la persistencia.*

🕭 ***Todas las relaciones representan oportunidades:*** La mayoría estamos de acuerdo en el hecho que las excelentes relaciones interpersonales nos aportan múltiples beneficios, incluyendo el de compartir ideas libremente durante una buena conversación. Sin embargo, la interacción aún con interlocutores difíciles y con desconocidos no muy amistosos, puede mirarse como una experiencia potencialmente positiva; esas personas con quienes tenemos diariamente un trato superficial, también constituyen una oportunidad para desarrollar hábitos más amistosos. Y con las personas que están en nuestro entorno y no nos gustan, el dialogo puede ser una buena forma de mejorar nuestra capacidad para escuchar, para aprender a ver las cosas desde sus puntos de vista, o para responder con mayor acierto. Cuando eres consciente que todas las interacciones con la gente son oportunidades para mejorar tus habilidades de comunicación y tu carácter, entonces irás por el camino adecuado hacia convertirte en un mejor comunicador.

🕭 ***La gente puede abrirte puertas desconocidas:*** Nunca se sabe quién pueda llegar a decir buenas cosas sobre ti, ni con quién podrían estar comentando acerca tuyo por horas en cualquier conversación. Si tú has desarrollado la reputación de ser una persona amigable y valiosa, entonces así te percibirán los que no te conocen y los resultados serán, que más gente quiera conocerte, tener tu amistad e inclusive, presentarte con nuevos círculos de influencia. Reconoce que la gente hace estas cosas espontáneamente, sin que tú lo sepas ni hagas el esfuerzo para provocarlo.

🕭 ***Algunas relaciones volverán a ti para afectarte:*** Cuando tratas a otra gente injusta o despectivamente, puedes estar dejando en ellos resentimiento hacia ti. Y puede que esto solo resulte en no tener nada que ver el uno con el otro, pero también podría significar que en el futuro tampoco recibas favores de ellos. Sin embargo podría empeorar, pues algunos de ellos pueden salirse de paciencia y comenzar a decir cosas negativas acerca de ti sin que lo sepas, y de esta forma cerrarte puertas. Mi padre siempre me decía que fuera amable con las personas cuando me necesitaran porque yo nunca sabía en qué momento las circunstancias cambiaban y yo podría ser quien necesitara el favor de otros. Mantén esto presente cuando te sientas tentado a decir cosas inapropiadas a los demás. También es importante evaluar cuándo es realmente necesario dejar a alguien fuera de tu vida.

🐚 *Un mal movimiento puede destruir una relación para siempre:* Mientras que conseguir la amistad de alguien puede tomarte un buen numero de conversaciones, piensa que solo toma un mal momento para terminarla. Recuerdo una ocasión en que injustamente acusé a mi hermano mayor de ser un mentiroso en frente de sus amigos y colegas. Esa situación tan vergonzosa para él, fue suficiente para terminar nuestra relación para siempre. Han pasado varios años en que no ha habido una interacción significativa entre nosotros. Desafortunadamente, aprendí una dolorosa lección de manera muy costosa, por hacer comentarios insensibles y despectivos en una situación muy importante. Desde ese momento, he trabajado mucho haciendo un gran esfuerzo para mejorar mi manera de relacionarme con los demás.

🐚 *Construye tus relaciones conversación tras conversación:* Aunque a veces asumimos cosas sobre las personas antes de conocerlas, las relaciones duraderas se construyen con base en interacciones y conversaciones personales. También puede ocurrir que, sin proponértelo escuches la conversación que alguien está sosteniendo con otra persona y de ahí partas para formar tu impresión personal. Otras relaciones pueden surgir de la interacción constructiva que permite entablar buenas vías de comunicación en distintas áreas. Así que puedes ver que, así como cada ladrillo hace parte de resistentes edificios, una buena relación se construye con cada momento agradable de interacción.

🐚 *Nunca se sabe quién pueda acordarse:* El verano pasado asistí a un torneo de volibol profesional en mi ciudad natal en Huntington Beach, California. Durante el receso tuve la oportunidad de hablar y compartir con un famoso ex -jugador retirado que estaba dirigiendo un pequeño taller para aficionados que querían mejorar sus técnicas en este deporte. Después de recibir algunas de sus indicaciones sobre cómo direccionar la bola, le agradecí por darme su tiempo y dedicación. Pero de lo que más me acuerdo durante el tiempo que estuve interactuando con él, es que en ningún momento le escuché decir algo como "gracias", "para servirle", "fue un placer", o algo parecido. En lugar de eso, al finalizar él simplemente se dio media vuelta y se alejó de mí. Yo se que él no estaba tratando intencionalmente de ser rudo conmigo pero todavía me siento un poquito desairado frente al recuerdo de este pequeño incidente. Mientras que para él pudo no haber tenido importancia, me imagino que este jugador no tiene ni idea de la impresión que dejó en un espectador como yo.

Խ *Las grandes relaciones son una verdadera mina de oro en la vida:* En la lucha por nuestras metas personales, siempre es bueno hacer un alto y recordar la importancia que, en medio de todas las cosas, tienen las relaciones personales de calidad. La vida no es más que una experiencia superficial si no tenemos alrededor nuestro a otras personas que compartan cálidamente con nosotros la diaria jornada. Mientras que las relaciones nocivas pueden significar retos difíciles en tu vida, debes tener presente que son las buenas relaciones las que hacen tu existencia más agradable y significativa. A fin de cuentas, no es la cantidad de dinero que ganas, ni los premios que puedas obtener, lo que hacen valiosa tu vida, sino con quién compartes todas estas cosas que llegan.

Por encima de toda circunstancia, recuerda que la comunicación diaria tiene el potencial para traerte resultados a largo plazo. Cuando manejas una conversación con respeto por el otro, aunque esto tiene un valor en el momento presente, estarás dando un paso a futuro, en la dirección correcta hacia el éxito, mejorando tus hábitos de comunicación y construyendo mejores relaciones personales y profesionales.

¡PREPÁRATE PARA TU PRÓXIMA CONVERSACIÓN AHORA MISMO!

Detente un momento y repasa las ocho técnicas de conversación que acabas de leer y que te ayudarán a desarrollar una mentalidad bien orientada para comunicarte acertadamente. Ahora elige alguna de estas técnicas que ya hayas identificado y utilizado en el transcurso de tu vida, y que te haya traído resultados positivos. En uno o dos párrafos cortos, escribe el incidente al cual puedas referirte como un ejemplo con final feliz, debido a la manera correcta en que dicha técnica te ayudó a utilizar tu mentalidad bien orientada, y lograste desempeñarte convenientemente durante esa experiencia, consiguiendo al final, mejorar y estrechar una relación interpersonal.

Ahora piensa en una situación similar que, muy probablemente, en los siguientes días pueda presentársete, y en la cual, si funcionas atinando tu forma de pensar, podrás mantenerte con la mirada puesta en interactuar exitosa y entusiásticamente en medio de esa relación. ¿Cuál es la clave que te hará recordar la estrategia que tendrás muy presente y la cual emplearás conscientemente durante esa próxima conversación? Escribe la respuesta a esta pregunta ahora que está fresca en tu mente y recuerda referirte a ella en esa importante ocasión.

El punto clave para tener en cuenta aquí es que, con tu forma de pensar, y con las creencias y actitudes que escoges, afectas automáticamente el destino de tu vida. Si logras mantener una mentalidad poderosamente bien enfocada, con la ayuda de las pautas que te he ofrecido en este capítulo, te conducirás adecuadamente por el camino de la felicidad y el éxito. Finalmente, lo verdaderamente importante no son las circunstancias de tu vida lo que realmente cuenta, sino cómo las analizas y respondes al hecho.

LO REALMENTE IMPORTANTE

Recuerda que para *"hablar como un triunfador"*, en un sentido más amplio, también debes *"pensar como un triunfador"*. Todo lo que tienes que hacer es seguir esta simple y poderosa regla: ***Desarrolla una mentalidad bien orientada***. Una vez que comprendas la importancia de esta parte tan esencial en el proceso de comunicarte efectivamente, solo es cuestión de saber manejar tus ideas poniendo esta regla en práctica con propósitos claros, y ensayando constantemente hasta que se te convierta en un hábito natural. Será mucho más fácil de lo que hubieras podido imaginar.

CAPÍTULO DOS

APRENDE

EXPANDE TU NIVEL DE COMUNICACIÓN

"Esto es lo que significa aprender: de repente comprendes algo que habías comprendido durante toda tu vida, pero en distinta forma".

—Doris Lessing
Autora de "The Four-Gated City"
"La Ciudad De Las Cuatro Puertas" (1969)

APRENDER: 1. Lograr dominio a través de estudio serio y practica disciplinada.

2. Adquirir conocimiento, actitudes, habilidades, o estrategias, por medio de estudio, instrucción o experiencias que produzcan un cambio que sea persistente, medible y específico. 3. Como se aplica en este libro, es la forma en que puedes volverte más flexible y efectivo en cualquier situación, dominando una gama más amplia de niveles de comunicación.

¡Ya estás un paso más cerca de desatar al triunfador que hay en ti! Las limitadas habilidades que tengas para comunicarte también limitarán el tamaño de tu audiencia y la variedad de situaciones en las que puedas intervenir apropiadamente. Uno de tus principales objetivos como experto en comunicación, debe ser expandirte aprendiendo nuevas formas de comunicarte con los demás. De esta manera estarás preparado para conectarte bien con cualquier persona que conozcas ya sea en tus relaciones personales o profesionales.

En su quinta y más ampliamente trasmitida temporada, el popular programa de talento musical, *"American Idol"*, obtuvo un total de 200 millones de televidentes durante las dos horas de su último capítulo. Al final, el cantante de Alabama Taylor Hicks, de 29 años, con su estilo sureño y su música blues, obtuvo su victoria sobre la californiana Katherine McPhee, siendo coronado como el nuevo "ídolo americano" de esa temporada.

Desde que el programa fue ridiculizado como si fuera un concurso sobreactuado de karaoke, poco s poco se ha ido mejorando hasta convertirse con el paso de los años en un evento musical con diversidad, mayor estilo y atracción. Durante las semanas de la temporada en la cual participó Taylor Hicks, con temas musicales de Motown, Rock, Broadway, Big Band y Country, y donde dejó expuesta la versatilidad y el talento que deben poseer los aspirantes, quedó demostrado, que dejar ver fallas mayúsculas en cualquier género musical representa la enorme posibilidad que cualquiera de los participantes pueda quedar eliminado de la competencia.

El ganador de esa temporada de *"American Idol"* fue el concursante que mayor cantidad de votos obtuvo, por encima de los 63 millones, (¡Mucho más de lo que cualquier presidente americano haya podido obtener!), los cuales fueron recibidos sobre la última semana del concurso. Taylor Hicks logró esto mediante el despliegue de su combinación triunfadora de talento, diversidad musical, actuación, y carisma personal durante las multifacéticas presentaciones que realizó en la competencia de esas semanas.

Ya sea que participes en el programa de *"American Idol"*, o estés conversando con alguien en circunstancias normales, la habilidad para comunicar confiadamente empleando diversidad de estilos, te hará más atractivo ante una mayor audiencia. Desarrollar nuevas formas de comunicación a través del trabajo propuesto en este libro, te ayudará a llegar a un número más grande de personas y te permitirá sentirte más seguro ante variadas circunstancias.

RETANDO TU NIVEL DE COMODIDAD

La diferencia entre tu habilidad actual para desarrollar una actividad y llegar a desarrollarla mejor en el futuro, puede obviarse mediante el conocimiento. En la medida en que estés comprometido con la excelencia, te impongas nuevos retos y disfrutes en el proceso, encontrarás tu camino al triunfo en cualquier campo en el que te lo propongas.

En tu objetivo hacia una mejor comunicación, existen muchas áreas que dominar. Como lo notaste anteriormente, una de los aspectos fundamentales es desarrollar flexibilidad para comunicarte correctamente desde diferentes estilos de comunicación. Desafortunadamente, la mayoría de las personas poseen un nivel muy limitado y además solo cuentan con una escasa variedad de gente con la cual se comunican bien.

Durante mi época temprana como guía turístico, tuve que aprender a comunicarme con diversos grupos y estilos de gente. Muchos de los viajes que lideré estaban compuestos por visitantes de fuera de los Estados Unidos, procedentes de lugares como Australia, Gran Bretaña, Sur África, Canadá e Israel. También tenía que manejar tures con clientes americanos, compuestos por comunidades de estudiantes de secundaria, miembros de iglesias, alumnos universitarios, ciudadanos retirados, personas del mundo de los negocios.

Cada grupo representaba para mí un reto distinto en el esfuerzo por ser un guía turístico exitoso. Por ejemplo, tenía que ser divertido y popular con los chicos de secundaria, pero profesional y preciso con la gente de negocios. Con las personas pensionadas debía ser más maduro y cuidadoso en la forma de relacionarme, mientras que los extranjeros realmente querían sentir toda la dedicación que yo pudiera ofrecerles, compartiendo con ellos sobre las riquezas de mi país.

Una vez, un grupo de una iglesia que venía de Los Ángeles, se quejó con mi empresa porque mi sentido del humor les pareció inapropiado y casi me despiden. En otra ocasión, un grupo de San Antonio Tejas, casi no me dio propina porque sintieron que yo no me interesé en ellos. En los dos casos, mi inefectividad para relacionarme con estos viajeros adecuadamente, resultó en una retroalimentación negativa que francamente me hirió, pero aprendí muchísimo siendo lanzado al fuego con estos retos, quedándome suficientemente claro que se requiere de auto-consciencia y amplias habilidades para abrirse a nuevos horizontes en el área de la comunicación interpersonal.

Actualmente, el progreso que logré durante mis tiempos como guía turístico me ha ayudado a ser más efectivo en mi carrera como escritor y comunicador, como también en mis relaciones personales. Lo que esto ha demandado de mí, es mi voluntad para querer ampliar mi zona de comodidad y enfrentar la posibilidad de sufrimiento a corto plazo, con la promesa de ir mejorando con el paso del tiempo.

REGLA # 2: EXPANDE TU NIVEL DE COMUNICACIÓN

Comprende que tu progreso no vendrá de hacer lo que sea más fácil y rápido para ti. Para incrementar el nivel de tus habilidades, tendrás que retarte a ti mismo haciendo lo que al comienzo pueda parecerte incomodo.

Las siguientes sugerencias fueron diseñadas para ayudarte a desarrollar un rango de comunicación más amplio para que estés preparado para enfrentar prácticamente cualquier situación que se te presente.

> ⌘ *Relaciónate con muchas clases de gente:* Practica conversando con toda las personas que conozcas; puede ser con el cajero del supermercado, la gente en la fila del banco, alguien en el consultorio de tu doctor, un compañero de trabajo a la hora del descanso, o el vecino que está sacando su perro a

pasear; qué tal si intentas una actividad social divertida como convertirte en miembro de un club de culinaria o de lectura, inscribirte para ir a visitar un sitio histórico en tu localidad, o en unas clases de ejercicio. En el mejor de los casos, ocúpate de conocer gente de distintas edades, tanto jóvenes como retirados, personas de tu localidad como del exterior, o de otros estados. Lo ideal es recoger diferentes estilos de conversación y al mismo tiempo poner en práctica tu habilidad para comunicarte, sobreponerte a la timidez y construir tu autoestima.

🐚 *Escucha más y habla menos:* Este puede ser el ejercicio de comunicación más sencillo de practicar. El solo hecho de salirte de tu punto de vista para enfocarte en el de otra persona, te ayudará a incrementar tu efectividad comunicativa. Y a medida que practicas esta nueva disciplina, le iras encontrando el gusto a escuchar y a descubrir nuevas formar de desarrollar tu capacidad para hablar en público.

🐚 *Habla más si sabes que eres tímido:* Ser tímido es algo a lo que tienes que sobreponerte para poder avanzar. Todos enfrentamos ambientes o momentos en que no nos sentimos enteramente cómodos, y hablar no es algo que nos fluya naturalmente. Pero cuando la timidez se convierte en tu forma cotidiana de relacionarte, esto limita extremadamente la cantidad y la cualidad de tus relaciones interpersonales. A los principiantes les aconsejo que se involucren en conversaciones sencillas que demanden poca presión, hablen sobre las cosas simples de la vida que todo el mundo conoce, como por ejemplo: *¿Cómo estaba el estado del tráfico camino al trabajo? ¿Cómo te parece este clima tan raro? ¿Qué tal el precio tan desorbitado de la gasolina?* Di algo como eso y después le das la oportunidad a la otra persona para hablar.

🐚 *Ajusta tu velocidad y volumen con diferentes propósitos:* Hay ocasiones en que ser selectivo sobre lo que dices con respecto al tema que abordas y hablar con mayor rapidez, tiene sus ventajas. Por ejemplo, cuando cuentas una historia, es importante que evites los detalles innecesarios antes que tu audiencia comience a desconectarse. Es muy bueno poner energía y entusiasmo en el tono de tu voz y trasmitir a los demás que estás involucrado en lo que estás diciendo. En otros momentos, es conveniente bajar la velocidad de tu discurso para mostrar emoción o consideración, o de pronto quieras hablar más despacio para comunicarte con personas cuyo estilo es pausado. Igualmente, necesitas variar tu tono y velocidad para evitarle a la audiencia la monotonía y el aburrimiento mientras hablas.

🕉 ***Desarrolla tu habilidad y autoconfianza contando chistes:*** Una forma indirecta de desarrollar tus habilidades comunicativas es desarrollando la capacidad de contar buenos chistes, porque este ejercicio te enseña cómo contar una historia corta, a describir una situación con naturalidad, y a enviar un mensaje directo con un golpe certero. Cuando cuentes un chiste, recuerda que debes ser cuidadoso para no ofender con su contenido y procurar no reírte de tu chiste antes que termines de contarlo. Puedes comprar una película de tu comediante favorito para darte una mejor idea de cómo contar historias divertidas profesionalmente para entretener al público. Así puedes tener unas pautas que te ayuden a desarrollar tu propio estilo agradable de humor, observando repetidamente a los comediantes profesionales.

🕉 ***Practica más el discurso formal:*** Cuando tenía 10 años, mi familia se trasladó a vivir en Palos Verdes, un suburbio de clase media-alta en Los Ángeles. Inmediatamente comencé a notar qué bien hablaban los chicos de mi edad en esa zona. Recuerdo que me encontré con un compañero de mi clase en un restaurante, y me dejó muy impresionado cuando me presentó muy gentilmente a sus padres diciendo: *"Papá y mamá, me gustaría presentarles a mi amigo Steve Nakamoto. Él y yo estamos en la misma clase de Matemáticas. Steve, él es mi padre y ella es mi madre".* Incrementando tu nivel en áreas más formales, adquirirás el estilo y la destreza necesarios para adentrarte en una mayor variedad de contextos sociales con mayor autoconfianza y total efectividad.

🕉 ***Practica más el discurso informal:*** Asegúrate que puedes dirigirte a la gente de manera formal o informal con propiedad. Los jóvenes de 20 años con quienes juego volibol frecuentemente en la playa suelen saludarme: "Oye, ¿qué hay de nuevo?". Su estilo es rápido e informal y cuando hablan entran, salen y continúan con el tema; generalmente te dejan riendo o sonriendo. Esa no es una mala forma de sostener una conversación cuando tienes muchos sitios donde ir y toneladas de personas con quienes hablar diariamente.

🌭 *Estudia e imita el estilo de otra gente:* La próxima vez que prendas la televisión para ver un programa de opinión, asegúrate de observar la forma en que el conductor del programa se comunica con la audiencia. Ya sea que veas a Jay Leno, Oprah Winfrey, Ellen DeGeneres, David Letterman o Montel Williams, comienza por observar las expresiones de sus rostros, el movimiento de sus manos, los cambios en el tono de voz, la forma en que escuchan, hacen cumplidos, preguntan y cuentan historias. Cuando escoges comunicadores profesionales como tus modelos, puedes acelerar rápidamente tu crecimiento prestando mucha atención y adquiriendo puntos valiosos durante el proceso.

Comprométete a ampliar tus habilidades expandiendo y saliéndote de tu zona de comodidad y así estarás tomando un paso activo en tu proceso de aprendizaje. Comienza por prestar atención a los detalles y a volverte más consciente de las maneras en que puedes mejorar tu modo de comunicarte. El siguiente paso es crear tus propios retos para forzarte a ti mismo a hacer cosas al respecto de este punto. Lo que conoces intelectualmente, será de poco o ningún valor si no actúas cuando tus ideas están frescas en tu mente.

¡ENCUENTRA UNA TAREA PARA DESARROLLAR HOY!

De la anterior lista de sugerencias, encuentra una que puedas realizar fácilmente hoy. Ahora, encuentra otra cosa y conviértela en tu tarea para hacer algo positivo al respecto mañana. Luego, con base en la lista de sugerencias trabaja diariamente en el desarrollo de cada una de dichas sugerencias cumpliendo con un objetivo a diario.

Toma un momento al final del día para reflexionar acerca de tus esfuerzos. ¿Qué cosa, aunque sea pequeña, aprendiste en el proceso? ¿En qué aspectos puedes estar orgulloso de ti mismo? ¿Puedes pensar en técnicas propias que en tu caso que te puedan ayudar a incrementar tu nivel de comunicación? Si es así, conviértelas en tu tarea específica para aprender más de ellas durante los próximos días. Continúa en tu círculo interminable de autoayuda con la convicción que múltiples beneficios vendrán espontáneamente en el momento adecuado.

LO REALMENTE IMPORTANTE

Recuerda que para *"hablar como un triunfador"* en el sentido más amplio, también debes *"aprender como un triunfador"*. Todo lo que tienes que hacer es seguir esta simple y poderosa regla: *"Expande tu nivel de comunicación"*. Una vez que hayas descubierto el valor de esta parte importante del proceso de comunicación, es solo cuestión de manejar tus ideas, agregando tu creatividad, practicando con una intención específica, y ensayándolo en tu vida diaria hasta que se vuelva algo natural en ti. ¡Si te enamoras de este proceso, será realmente fácil!

CAPÍTULO TRES

EVALÚA

ANALIZA LA CLASE DE SITUACIÓN QUE ESTÁS AFRONTANDO

---

*"El reconocimiento de hacer
siempre precede al reconocimiento de ser"*
—Rita Mae Brown
Autora de "Starting From Scratch" (1988)

EVALUAR: 1. Determinar el significado, valor o importancia de algo. 2. Examinar los pros y los contras de una situación difícil con el fin de escoger una estrategia que determine el éxito. 3. Como se aplica en este libro, es la habilidad de observar y posteriormente determinar el tipo de situación que estás a punto de enfrentar, para que puedas actuar de la forma apropiada.

¡Estás un paso más cerca de desatar al triunfador que hay en ti! Con frecuencia, se interrumpen las conversaciones sin el menor cuidado del contexto, ni de las circunstancias dentro de las cuales se obstaculiza la comunicación que ya otros habían comenzado. Es tan inapropiado actuar como una persona chistosa en medio de un funeral, como comportarse lúgubremente en un ambiente en el que todos están celebrando abiertamente algún evento. Otro de tus principales objetivos como experto en comunicación, es saber evaluar cuidadosamente la situación en la cual te vas a involucrar, para que sepas conversar sobriamente en cualquiera que sea el tema que se esté tratando.

Payton Manning es uno de los profesionales de los Colts de Indianápolis, de la Liga de Futbol de la NFL (Liga Nacional de Futbol). Él estableció una nueva marca en el año 2006 sobre la mayoría de las temporadas por pasar más de 4000 yardas, un sobresaliente siete. Su papel en el equipo le ha permitido ganar varios premios, incluyendo el de ser el jugador más valioso de la NFL, el premio como el mejor jugador ofensivo de la temporada de la NFL, y el mejor jugador más costoso del súper tazón en el 2007.

Observarlo dirigir a su equipo es todo un espectáculo para los amantes de este deporte. Más que ningún otro jugador reciente de la NFL, Manning es particularmente bueno para evaluar la defensa del oponente y cambiar la ofensiva del juego en el último momento. Los equipos oponentes que juegan a la defensiva del equipo de los Colts de Indianápolis, saben que serán enfrentados con cambios de último momento como los que Payton Manning sabe hacer.

Ya seas el jugador de ligas mayores o el interlocutor durante una conversación cotidiana, siempre es importante que evalúes la situación antes de entrar a participar. Cuando la evaluación es correcta, las acciones que determines tendrán mayor posibilidad de triunfo.

LA FALTA DE CUIDADO PUEDE CAUSAR MALOS RATOS

La falta de evaluar una situación antes de intervenir en ella, puede causar experiencias muy vergonzosas por las cuales la gente puede llegar a acordarse *siempre de ti*.

Recuerdo el día que mi hermano Glen se casó con Ellen. Mi familia es de descendencia japonesa mientras que la familia de Ellen es de descendencia china. Para aquellos de ustedes que no están muy familiarizados con estas culturas, debo decirles que siempre ha existido una especie de rivalidad entre nuestros grupos étnicos. Como resultado de esta rivalidad, la boda de Glen "China versus Japón", era especialmente significativa para nuestros familiares mayores. Recuerdo a mi tía Elsie llamándome a un lado para advertirme que me portara bien para no hacer quedar mal nuestro clan. Evidentemente, la reputación de mis intervenciones un poco torpes, no era algo que ella quería que quedara de manifiesto en este evento familiar.

Luego de la tradicional boda china, hacia la tarde se celebró una reunión informal, principalmente para los allegados y socios de Glen y Ellen y posteriormente, en la noche se ofreció una cena formal para los familiares más cercanos. Como miembro de la fiesta fui escogido para sentarme en la cabecera de la mesa con los cuñados de mi hermano, quienes son personas muy influyentes de la comunidad china-americana de East Bay en el noreste de California. Así que mi hermano estaba anhelando (más bien orando) que yo causara una buena primera impresión en esta ocasión tan seria.

Desafortunadamente, yo no evalué apropiadamente el ambiente y pensé que se trataba de un tiempo de diversión, por lo cual comencé a tomar y comer la comida con las manos. Glen me lanzó una fuerte mirada y me dijo: "Steve, ¡podrías esperar al resto de la gente, por favor!". No solamente era rudo de mi parte comer sin esperar a los demás, sino que particularmente en la tradición china este es un acto irrespetuoso con los miembros mayores de la familia. No se me ocurrió en ese momento que mi hermano Glen estaba temiendo que mi conducta vergonzosa podía causar que la familia de su esposa pensara que nosotros no sabemos respetar, o aún peor, que sus nuevos parientes se hicieran a la idea que la comunidad japonesa-americana no tiene ninguna clase de cortesía.

Mi despliegue de modales rudos no solo me llevó a ganarme burlas disimuladas, sino que perdí todo el respeto de la familia política de Glen. Hasta el día de hoy, la relación entre las dos familias es la estrictamente necesaria y mi conducta durante la cena, ciertamente no fue de mucha ayuda. Por lo menos no empeoré las cosas preguntándole al suegro de mi hermano con mi dialecto de surfeo del sur de California: "Oye, ¿cómo va la cosa?".

La lección aquí es que debes escoger la actitud social adecuada según la ocasión en la que te encuentres. Así construirás unos patrones de conducta que te ayuden desde el principio a conseguir relaciones interpersonales basadas en admiración y respeto. A veces, todas las disculpas de este mundo no alcanzan para que la gente se olvide del comportamiento deficiente que puede resultar en una conducta inadecuada durante una situación importante.

REGLA # 3: ANALIZA LA SITUACIÓN QUE ESTÁS ENFRENTANDO

Medir la importancia de la situación es algo de lo cual estoy seguro, tú ya estás haciendo. Por ejemplo, ¿no evalúas a veces un evento que se aproxima, como el cumpleaños de un amigo, para determinar la ropa que vas a usar? Bueno, también deberíamos pensar qué estilo de comunicación vamos a emplear, ya que haciendo la selección correcta y anticipada, evitaremos usar un vestuario inadecuado, así como también una forma de comunicación equivocada que nos cause vergüenza durante una importante ocasión

Para ayudarte a mejorar tu forma de evaluar situaciones sociales, las siguientes son unas preguntas cruciales que puedes tener en cuenta:

🕸 *¿Con quién exactamente estás interactuando?* En ocasiones tú puedes tener una información previa de la reputación del individuo con quien vas a interactuar, lo cual puede servirte como pauta. Otras veces tendrás que investigar con mayor precisión para conocerlo un poco mejor. Pero en la mayoría de las ocasiones, es bueno que investigues sobre la manera en que la otra persona siente o piensa en ese momento especifico en el que van a hablar y una vez que estés seguro, de cuál es la perspectiva de tu interlocutor, te es más fácil ajustar tu conversación para que el involucrado se sienta cómodo.

🕸 *¿Cuántas personas van a participar?* La regla básica consiste en dar igualdad en el tiempo para que cada individuo participe equitativamente en la conversación. A manera general, por ejemplo si cuatro personas van a participar, esto significa que cada una debería utilizar la cuarta parte de la totalidad del tiempo. Cuando alguien monopoliza el uso del tiempo, está garantizado que el resto de los participantes se molestan porque no hay igualdad de oportunidades para compartir. Solo porque algunos no participan frecuentemente en la conversación, no significa que ellos quieran que solo *tú* hables.

🔊 *¿Cuánto tiempo tienes para hablar?* A veces la gente tiene afán porque hay otras cosas que los ocupan y no tienen mucho espacio para hablar contigo. Si no estás muy seguro del tiempo de los demás, puedes preguntar algo como: *"¿Tienes unos minutos?".* Esa pregunta le dará la oportunidad a la persona de contestar sinceramente y te agradecerá por eso. A menudo, la gente entra en conversación debido al clima de cordialidad que presentas y terminan dándote, inclusive más tiempo del que supuestamente, dijiste que necesitabas.

🔊 *¿Cuándo y dónde estás interactuado?* Hay ciertos lugares que no son indicados para hablar, ni siquiera por un breve instante. Ejemplos de esto son lugares fríos, oscuros, ruidosos, llenos de gente, ocupados o incómodos de cualquier otra razón. En estos casos es mejor saludar y decir que te encantaría conversar pero en otras circunstancias. Lo mismo aplica a la hora del día para fijar la cita. Si es muy temprano o tarde, es mejor siempre consultar con tu interlocutor para ver si también le queda cómodo.

🔊 *¿Qué actividad estarían desarrollando?* La actividad que rodea la conversación generalmente te deja ver si la ocasión es formal o informal. Ciertas actividades conllevaran más hacia la informalidad, como aquellas centradas en recreación. Pero otras actividades relacionadas con el trabajo y la profesión tendrán un carácter más formal. El tipo de ropa que escojas, generalmente es un buen indicador sobre el estilo de conversación que deberás emplear durante la reunión.

🔊 *¿Cómo deberías actuar durante una ocasión semi-formal?* Mucha gente hace malos juicios que les causan malos momentos, sobre ocasiones que son un poco difusas porque no indican claramente si son de carácter formal o informal. La clave aquí es diferenciar la conducta predominante de la menos importante. Digamos que vas a asistir a una cena navideña de la empresa en un bonito restaurante. Esta podría considerarse como una ocasión formal, pero hay excepciones en que el evento puede tener un carácter más informal. El punto importante para tener en cuenta en este caso es que, una conducta inadecuada durante la reunión, podría tener ramificaciones negativas para tu carrera profesional. El clásico ejemplo es si terminas emborrachándote o llenando tu boca con tonterías frente a tu jefe. Si bien la fiesta fue planeada para que te divirtieras, no significa que te comportes como si estuvieras en una noche de juerga con tu mejor amigo en Las Vegas.

🐚 *¿Cómo deberías actuar en una ocasión semi-informal?* Todos hemos estado en esa clase de circunstancias sin haberlas evaluado previamente y como resultado, podemos subestimar y cometer costosos errores de comunicación y de interrelación. Un ejemplo de este tipo de situación es cuando vas a una reunión divertida o interesante con personas que todavía no conoces muy bien. Inicialmente, los que no saben bien cuál es tu forma de actuar, se previenen y elevan la guardia, por eso es importante que desde el comienzo establezcas buenas relaciones, y no termines actuando inadecuadamente, de manera tonta, majadera, sobreactuada o escandalosa. Un poquito de formalidad y amabilidad puede ayudarte a ganar puntos al comienzo de una relación, como una manera de mostrar respeto hacia los demás. Este es un estilo mucho más seguro y sabio, que pensar que todo está permitido debido a la informalidad.

Midiendo la situación cuidadosamente, prevendrás terribles errores en tu proceso de comunicación y te será mucho más fácil establecer tu reputación, como la de alguien que actúa con propiedad, independientemente de la situación, actividad o del medio que te rodea.

REEVALÚA UNA SITUACIÓN DEL PASADO

Piensa en una situación del pasado, en la cual fuiste responsable del algún error por no haberla evaluado correctamente. De pronto, ¿ibas a un sitio después del trabajo para reunirte con colegas, a departir con gente nueva a través de tus conocidos, o para engancharte en una situación nueva para ti?

Ahora, teniendo en cuenta los puntos anteriores piensa qué causó tu error de juicio. ¿Te equivocaste acerca de la gente con la que ibas a tratar? ¿O con respecto a la cantidad de gente, o en qué momento del día se realizaría, dónde iba a ser, o sobre el tiempo que tenías para hablar? ¿O de pronto fue cuestión de actuar demasiado informalmente para un evento formal o viceversa?

"Cada gran error tiene un momento intermedio,
Una fracción de segundo durante el cual
Se puede repensar y hasta remediar".
—Pearl S. Buck
Autora ganadora del Premio Nobel (1892-1973)

El propósito de este ejercicio es estar más consciente durante los eventos sociales que enfrentas en tu vida. Si tienes en cuenta todas las variables expuestas en este capítulo, te acostumbrarás a meditar sobre los estilos más adecuados que puede emplear para hablar, y entonces serás mucho más exitoso en tus relaciones personales.

LO REALMENTE IMPORTANTE

Recuerda que para *"hablar como un triunfador"*, en un sentido más amplio, también debes *"evaluar como un triunfador"*. Todo lo que tienes que hacer es seguir esta simple y poderosa regla: ***Analiza la situación que estás enfrentando***. Una vez que comprendas la importancia de esta parte tan esencial en el proceso de comunicarte efectivamente, solo es cuestión de saber manejar tus ideas poniendo esta regla en práctica con propósitos claros, y ensayando constantemente hasta que se te convierta en un hábito natural. Será mucho más fácil de lo que hubieras podido imaginar.

CAPÍTULO CUATRO

SONRÍE
INICIA TUS CONVERSACIONES DE MANERA AMISTOSA

---

*"Permitámonos conocernos unos a otros con una sonrisa,
porque ésta es el comienzo del amor"*
—Madre Teresa
Misionera y líder religiosa (1910-1997)

SONREÍR: 1. Desplegar una expresión facial que indica placer, amistad o sorpresa.

2. Expresar o aparentar aprobación o amabilidad. 3. Como se aplica en este libro, es la forma más sencilla y frecuentemente, más efectiva para iniciar una relación interpersonal frente a frente.

¡Estás otro paso más cerca de desatar al triunfador que hay en ti! Los hábitos ásperos hacen que la gente se sienta incomoda desde el mismo comienzo. Tu trabajo como comunicador experto es saludar de entrada, a cada persona que conoces, de manera amistosa para que la gente sienta desde el principio la calidez natural de tu amabilidad, aceptación y reconocimiento hacia los demás. Excepto circunstancias extremadamente serias, una sonrisa cálida y entusiasta se encarga de crear el mejor punto de encuentro para establecer una conversación mutuamente placentera.

Cuando tú entras a cualquier almacén de la cadena Wal-Mart en los Estados Unidos o en Canadá, en muchas ocasiones los empleados rápidamente te saludarán y te suministrarán un carro de compras diciéndote: *"Hola, bienvenido a Wal-mart".* Estos grupos de *"anfitriones",* como la empresa los llama, están encargados de cuidar la entrada del almacén al mismo tiempo que saludan y dan la bienvenida a los clientes.

Wal-Mart es una compañía del grupo Fortune-500 que se ha popularizado por sus amigables *"anfitriones".* Por allá hacia 1968, Sam Walton, el fundador de Wal-Mart se dio cuenta que la gente que entraba a sus almacenes había decidido por cuenta propia gastar su dinero comprándole a él. Entonces, Walton decidió que quería mostrarles su agradecimiento a sus clientes por darle la oportunidad de hacer negocios con ellos, implementando su grupo de "anfitriones" para atender de entrada a sus visitantes.

Todos podemos aprender con esta simple lección sobre el éxito del que Wal-Mart ha venido disfrutando durante todos estos años: *Comience cada interacción con un saludo amistoso.* Una sonrisa y un sincero *"Hola"* no te costarán ningún dinero, pero el efecto que ellos causarán sobre la gente, será sin lugar a duda, *incalculable.*

DESPIERTA LA SONRISA AUTÉNTICA
GUARDADA DENTRO DE TI

De acuerdo con el doctor Martin Seligman, autor de *"Authentic Happiness"* ("La Auténtica Felicidad"), encuentras dos clases de sonrisa en las expresiones de la gente: "la sonrisa Duchenne" y "la sonrisa Pan American". El doctor Seligman las describe de la siguiente forma:

> *"La primera sonrisa, llamada "la sonrisa Duchenne", (cuyo nombre es en memoria del investigador Guillaume Duchanne) es genuina.*
>
> *Las esquinas de tus labios se arquean hacia arriba y la piel alrededor de las márgenes de tus ojos se arruga.*
>
> *La segunda sonrisa, llamada "la sonrisa Pan Americana" (nombrada así haciendo referencia a la sonrisa de las auxiliares de vuelo que aparecen en los comerciales de la hoy desaparecida aerolínea) es fingida".*

En la vida real, todos alguna vez hemos pretendido sonreír para una foto pronunciando la palabra *"whisky"*, pero cuando vemos el resultado final, nos damos cuenta que la sonrisa es fingida porque la emoción genuina no estaba presente. En otras palabras, le ofrecemos, "la sonrisa Pan American" o "profesional" al lente de la cámara.

¿QUÉ REFLEJA TU FOTO?

Hace algunos meses contraté un fotógrafo profesional para tomar unas fotos nuevas para mi futura campaña publicitaria. Estuve con el fotógrafo por espacio de una hora y después de este tiempo él me dijo que iba a retocar algunas fotos antes de enviármelas para que yo tomara mi decisión final.

Cuando las recibí después de una semana, me sentí realmente desconsolado de ver que ninguna me gustaba realmente. Todas las fotos me parecían la misma sonrisa forzada sin la emoción genuina. Después de todo, la sesión entera había resultado una pérdida total de tiempo y dinero.

Por recomendación de un amigo que trabaja en la industria del libro, contraté otro fotógrafo llamado David, quien resultó ser muy agradable y divertido. Tomamos una cantidad de fotos, algunas con posturas que reflejaran seriedad y otras donde aparezco payaseando. Resultó que las mejores fotos eran aquellas en las cuales yo me estaba divirtiendo.

El ejemplo de una de las mejores fotos, es la que aparece en la página opuesta. Estoy sosteniendo una bola de volibol, de la misma forma en que lo hacen los jugadores profesionales de volibol de playa para el lanzamiento de sus campañas publicitarias. Mi sonrisa es realmente genuina porque estaba disfrutando el hecho de posar como un profesional cuando en realidad juego como un verdadero aficionado.

El punto aquí es que, realmente debe haber en ti sentimientos internos de calidez, entusiasmo y alegría para que irradies una sonrisa auténtica. Cuando existe una emoción positiva detrás de tu sonrisa, puedes ser más efectivo con la gente, que cuando estás actuando con educación y cortesía.

Recuerda que al comenzar una relación con actitud amistosa y dispuesta a compartir, estarás desarrollando el más inteligente de los hábitos de comunicación, para establecer o construir relaciones, tanto en el campo personal como profesional.

REGLA # 4: COMIENZA CADA CONVERSACIÓN DE MANERA AMISTOSA

La regla más efectiva de iniciar una interacción es a través de un acercamiento amistoso. Cierto, existen excepciones a la regla, en momentos en que se requiere seriedad, gravedad y hasta oposición, por el tipo de situación. Pero sobre todas las circunstancias, trata de deshacerte de cada uno de tus hábitos de hostilidad porque mejorarás inmensamente tu capacidad de interacción.

A continuación encontrarás algunos de los aspectos más importantes que debes tener en cuenta para iniciar tus conversaciones amistosamente:

🦢 *Sé tú el primero en ofrecer tu saludo:* Mucha gente tiene la tendencia a evitar la posibilidad de hace el primer movimiento, cuando se trata de saludar a otra persona. Después de todo, nadie quiere sentir rechazo ni desaprobación, y es por eso que, muchas veces decidimos no engancharnos en la situación de dar el primer paso para saludar, aunque esta actitud generalmente puede interpretarse como discordia hacia los demás. Una de las formas de mostrar amabilidad es, sencillamente siendo el primero en hacer el contacto para saludar en lugar de esperar a que otros lo hagan contigo.

🕉 *Comienza con una sonrisa genuina:* Comienza con tu pie derecho y concéntrate en iniciar la interacción ofreciendo una amplia sonrisa, porque la mayoría de veces ella causará que te regresen otra sonrisa. Si durante el trascurso de un día difícil no es innato sonreír, por lo menos asegúrate que en el preciso momento en el cual te vas a relacionar con alguna persona, puedas suspender tus pensamientos negativos. Entonces estarás más dispuesto a ofrece tu sonrisa de aprobación a tu interlocutor, y pueda que recibas el efecto colateral de sentirte aliviado de la tensión que estabas manejando hasta ese momento.

🕉 *Recuerda sonreír con tus ojos:* Si tu sonrisa es forzada, los demás pueden creer que tú realmente no eres sincero. Cuando le ofreces a otros algo menos que una sonrisa espontánea, la señal se interpreta, no como si estuvieras dando tu aprobación o agrado, sino como si, simplemente estuvieras sonriendo por educación o cortesía. Como lo mencioné anteriormente, una verdadera sonrisa incluye el gesto alrededor de tus ojos, mientras que una sonrisa fingida solo incluye los movimientos de la boca.

🕉 *Desarrolla un saludo de primera categoría:* ¿Has notado cómo alguna gente espontáneamente se te acerca, te mira a los ojos, te sonríe, te estrecha la mano y te dice: *"¡Qué bueno verte!"?* Igualmente estoy seguro que recuerdas algún momento en que alguien escasamente advirtió tu presencia y esto te llevó a preguntarte, si por alguna razón desconocida, tú no le agradabas a esa persona. Si tu meta es deshacerte de tus hábitos poco amistosos, entonces siéntete a gusto con un surtido de nuevos saludos y gestos de amabilidad que puedas emplear en el momento de iniciar cada interacción. Observa cómo otros lo hacen.

🕉 *Habla en un tono amistoso:* Además de ofrecer tu saludo, tu sonrisa cálida y tus gestos de amabilidad, asegúrate de escoger un tono cordial para expresar tus palabras. Investigadores de la Universidad de Los Ángeles demostraron que el 38% de la comunicación se basa exclusivamente en ¡el tono de voz! Esto significa que si tu tono de voz no es amigable, la gente con quien hablas no sentirá el efecto de tu calidez y aceptación hacia ellos, sin importar las palabras que estés pronunciando.

🕊 *Actúa con felicidad por el encuentro:* Cuando estás contento y emocionado de encontrarte con alguien, tu entusiasmo y aprecio surgen espontáneamente. Pero hay momentos de preocupación que pueden hacerte lucir como si no estuvieras agradado ni te importara la presencia de la persona con quien hablas. En estos casos es fácil malinterpretar tus circunstancias, como si fuera falta de interés y agrado hacia tu interlocutor, y no como preocupaciones tuyas. La solución puede ser interesarte por iniciar el encuentro ofreciendo un excelente saludo para poder mostrar tu cordialidad hacia la persona. Es mejor que actúes de esta manera en lugar de quedarte en tu enconchamiento propio por tus preocupaciones, en lugar de causarle a la gente la idea de disgusto por haberte encontrado con ellos.

🕊 *Recuerda llamar a las personas por sus nombres:* Una técnica simple que la gente utiliza en el mundo de los negocios, es llamar varias veces a las personas por su nombre, durante el tiempo que dura el encuentro. Dale Carnegie, autor de "How To Win Friends And Influence People" ("Cómo Ganar Amigos") escribió: *"Recuerda que el nombre de la persona, es para esa persona, el sonido más dulce e importante en cualquier idioma".* Lo importante aquí consiste en no abusar de esta técnica o causar molestia pronunciando constantemente el nombre de tu interlocutor. Si puedes hacerlo de una manera mesurada y elegante, cumplirás con dos objetivos: 1.Tu interlocutor sabrá apreciarlo. 2. Te ayudará a recordar su nombre para futuras referencias.

Cuando encuentras valor en las demás personas y logras conservar un estado emocional positivo, es más fácil iniciar tus encuentros amigablemente. Adicionalmente, te enfocas en romper tus hábitos de descortesía, para remplazarlos por hábitos de cordialidad hasta convertirlos en conductas espontaneas y con excelentes resultados en el campo de la comunicación efectiva.

ENCUENTRA UN HÁBITO INAPROPIADO Y ¡DESARRÁIGALO HOY MISMO!

Una de las primeras tareas que tienes, es identificar todos tus hábitos de comunicación inapropiados. ¿Tiendes a evitar el contacto visual?

¿Permaneces con tu ceño fruncido? ¿Esperas a que otros te saluden primero? Estoy seguro que todos ocasionalmente hemos hecho algo de esto, pero lo importante aquí es concientizarnos que esta clase de hábitos indeseables pueden arruinar, aún nuestra autoconfianza y el deseo de compartir con otros.

Por los próximos días, trata de sonreír a personas que no conoces y esporádicamente intenta saludarles. Observa cómo empiezas a sentirte con respecto a esta nueva conducta y actitud hacia otros. Pero también presta atención cuando otra gente te sonría y te mire a los ojos. ¿No te sientes estupendamente cuando alguien expresa amabilidad y aceptación hacia ti?

La gente reacciona en formas muy parecidas. A veces un simple acto de amabilidad puede causar espontáneamente otro acto de amabilidad y constituye un patrón de comportamiento constructivo en el establecimiento de nuevas relaciones saludables; además puede ayudarte a mejorar las que ya tienes.

LO REALMENTE IMPORTANTE

Recuerda que para *"hablar como un triunfador"*, en un sentido más amplio, también debes *"sonreír como un triunfador"*. Todo lo que tienes que hacer es seguir esta simple y poderosa regla: ***Comienza cada conversación de manera amistosa***. Una vez que comprendas la importancia de esta parte tan esencial en el proceso de comunicarte efectivamente, solo es cuestión de saber manejar tus ideas poniendo esta regla en práctica con propósitos claros, y ensayando constantemente hasta que se te convierta en un hábito natural. Será mucho más fácil de lo que hubieras podido imaginar.

CAPÍTULO CINCO

SELECCIONA
ESCOGE TEMAS
DE DISCUSIÓN APROPIADOS

"Un chismoso, es alguien que te habla acerca de los demás.
Un aburrido, es alguien que te habla acerca de si mismo.
Y un brillante conversador, es alguien que te habla acerca de ti".
—Lisa Kirk
Actriz americana de musicales y comedias

SELECCIONAR: 1. Escoger, elegir, o decidir sobre algo. 2. Juzgar sobre los meritos de múltiples opciones para determinar una decisión o acción. 3. Como se aplica en este libro, es escoger sabiamente, cuáles temas son dignos de discusión y cuáles temas deben dejarse por fuera de la conversación.

¡Estás otro paso más cerca de desatar el triunfador que hay en ti! Hay cosas que es mejor no decir. Otro de tus objetivos importante como experto en comunicación, es saber alejarte de temas poco placenteros e indeseados que dejan residuos emocionales negativos. De esta manera, tendrás más oportunidades en que disfrutes de conversaciones placenteras, que dejen la puerta abierta a futuros encuentros.

Jeopardy, es conocido por muchos como el programa trasmitido por la televisión americana, en el que, tanto los concursantes como los televidentes pueden medir su nivel de conocimientos; además *Jeopardy* cuenta con un promedio diario de 12 millones de televidentes. Merv Griffin, el conductor de programas televisivos en la franja nocturna, inventó el concepto original de este concurso hacia el año de 1963, en su apartamento de Beverly Hills en California. Desde su restringido debut en 1984, *Jeopardy* ha recibido por encima de 25 premios *Emmy,* como programa transmitido en la franja diurna hasta hoy, y se ha convertido en más que un juego restringido en la historia de la televisión.

Mucho de su éxito consiste en el estilo único del formato respuesta-pregunta. En lugar de la forma tradicional de recibir una pregunta y dar la respuesta, en el programa *Jeopardy* el concursante recibe la repuesta y debe deducir la pregunta que origina esa respuesta. Mucho más allá de un programa de concurso, *Jeopardy* se ha convertido en un estimulante examen de conocimiento al cual los televidentes encuentran tanto entretenedor como retador.

Para mucha gente, la conversación puede ser algo como un concurso de conocimiento, en el cual los participantes van de tema en tema haciendo alarde de cuánto saben. Pero para un comunicador realmente interesado, la conversación uno a uno, es mucho más que un despliegue de inteligencia, porque se constituye en un puente de comunicación para aclarar opiniones entre dos personas, para compartir ideas y emociones, y para explorar nuevas formas de expresión. En ocasiones, la conversación también puede servir para saber qué clase de temas se deben evitar para no entrar en discusiones innecesarias.

¿CÓMO RESPONDERÁ TU AUDIENCIA?

¿Quieres involucrarte en conversaciones agradables más frecuentemente? Entonces es importante que conozcas lo que más puedas acerca de la gente con la que tratas, porque así tendrás una idea más clara del terreno que pisas cuando abordes una conversación. Una vez sepas el momento en el cual se encuentra tu interlocutor, y cuáles pueden ser sus puntos sensibles, entonces puedes lanzarte libremente hacia otros temas. Sin embargo, aún así existen cuestiones de las cuales es mejor mantenerte alejado cuando hablas con otros.

Cuando traes un asunto que puede ser incomodo, doloroso u ofensivo para tu oyente, éste puede ofenderse o perder el interés de hablar contigo. En este tema, un buen modelo de comunicación puede ser Larry David (quien *se interpreta a* sí mismo) en la famosa serie de televisión HBO que se llama *"Curb Your Enthusiasm"*. Durante su media hora de duración, vemos a Larry David en su casa y lo seguimos en sus aventuras por la ciudad. Capítulo tras capítulo aparece sin tener la menor idea de cómo comportarse a lo largo de sus situaciones sociales sin meter la pata con su boca, disgustando a alguien o interrumpiendo la conversación de su acompañante. Algunos ejemplos clásicos incluyen la discusión afirmativa de Larry David sobre conocer un poderoso ejecutivo negro, o sobre su lucha tratando de cambiar que el "viejo Larry" odie a la hermana de su esposa, o tratando de elegir con cuál de sus amigas le gustaría dormir. Por supuesto, como el programa es una comedia, el modelo de conversación de Larry es usualmente muy divertido.

Aunque los resultados de los errores de comunicación que Larry David comete durante el programa pueden llegar a ser muy divertidos, no lo sería para ti si en situaciones reales, molestas a las personas que te rodean con comentarios y temas inapropiados. Por lo tanto, asegúrate que tus intervenciones no provoquen la molestia de tu audiencia, antes de tomar el riesgo de abordar temas conflictivos. De esta forma te asegurarás que haya mayor cantidad de gente que quiera participar activamente en tus conversaciones.

REGLA # 5: ESCOGE TEMAS DE DISCUSIÓN APROPIADOS

Los temas que se discuten en una conversación, determinarán bastante la clase de sentimientos y emociones que tus oyentes experimentarán. Por lo demás, existen asuntos con los cuales te sentirás más cómodo y otros temas de los cuales preferirás permanecer lo más alejado posible.

La siguiente guía fue diseñada para ayudarte a mantener tus conversaciones en tierra firme hasta que estés más seguro que todas las personas involucradas quieren explorar otras áreas:

- *No comiences imponiendo tus opiniones:* Cuando ocurra la primera conversación con alguien, invierte tu tiempo armonizando la situación, antes de expresar opiniones, creencias o convicciones fuertes. Esto le permite a tu oyente ajustarse a ti y a lo que estás a punto de decir. De otra forma puedes ahuyentar la gente con enunciados radicales para los cuales ellos no estaban preparados, ni para escuchar ni para responder adecuadamente. Este tipo de comentarios deben hacerse solo en circunstancias apropiadas y hasta que tu ya hayas hecho las advertencias necesarias diciendo por ejemplo: *"Mira, de pronto puedo estar completamente equivocado en esto, pero...",* o algo como: *"Te pido disculpas por adelantado si me desvío del tema pero...".* Si expresas tus ideas de esta manera, no corres tanto riesgo de ser calificado como muy impositivo, o peor aún, como una persona molesta y egoísta.

- *Ten cuidado con los temas sensibles:* Podemos hacer mucho daño a relaciones importantes por decir demasiado o revelar cosas que es mejor no mencionar. No estoy diciendo que nunca se deban tocar temas importantes, lo que estoy recalcando es que, hay temas que no son apropiados durante un primer encuentro, tales como cuestiones políticas, religión, dinero, sexo. Del mismo modo, es sabio no meterse en los temas personales del interlocutor preguntando sobre aspectos que son muy íntimos. Una vez que establezcas una base solida de entendimiento, habrá mayores opciones en el futuro en las que puedas aventurarte en estos contenidos tan sensibles.

- *Enfócate en temas de interés para otros:* Los oyentes te serán más receptivos cuando tú hables en términos de sus intereses. *"¿Qué hay aquí para mí?", "¿Cuál es la importancia de esto?",*

"... pero ya es suficiente sobre mí."

son preguntas que comúnmente la gente se hace espontánea e inconscientemente. Si no puedes encontrar un tema en el cual los oyentes se involucren activamente, es sabio evitar temas que sean de mínimo y casi ningún valor para el auditorio y por eso, escogiendo temas que sean de mucho valor e interés, facilitas que las personas hagan aportes interesantes y haya un mejor intercambio de ideas.

🖢 *Maneja el tema que propusiste:* No querrás perder el tiempo de los demás haciendo intervenciones o contradiciendo sobre algo que no conoces ni has experimentado. Cuando tus referencias sean débiles, asegúrate de chequear mentalmente tus opiniones antes de hablar. Aun así, puede ser sabio admitir que tú *no sabes* tanto acerca de ese tema como *si sabes* acerca del tema presentado originalmente. Este pequeño acto de honestidad y humildad te dará puntos a favor. No te vayas al otro extremo pretendiendo que eres "sábelo-todo", proporcionando consejos que nadie te ha pedido. Lo que pudieras ganar en respeto por tu conocimiento, podrías perderlo en simpatía hacia ti. Pero si te preguntan primero por tu consejo experto, ofrece la mejor opinión que tengas para dar.

🖢 *Maneja el lado positivo de la situación:* Cuando dudes, siempre toma el lado menos controvertido del tema. Eso no significa que no puedas analizar los dos aspectos del punto. Lo que estoy diciendo es que, manteniendo la mayoría del enfoque y tiempo de la conversación, en ideas constructivas y positivas, todos los participantes tendrán una experiencia más agradable sobre la reunión. Generalmente esto te beneficiará con conversaciones más entusiastas, con mayor cantidad de personas, que si te dedicaras a hablar demasiado, o por muy largos espacios, o sobre aspectos desgastantes y negativos.

🖢 *Permanece actualizado con lo que ocurre en el mundo:* Si quieres relacionarte con mayor cantidad de gente, asegúrate de estar actualizado con lo que ocurre en los temas generales del diario vivir, ya sea leyendo un periódico de calidad, escuchando temas de opinión en la radio, viendo las noticias nacionales e internacionales, buscando libros nuevos en los estantes de las librerías, hojeando revistas como *"Newsweek", "Time", "Sports Illustrated", "Business Week"* y *"People".* Nunca sabes cuándo una conversación puede referirse a temas de actualidad en Negocios, Política, noticias nacionales o internacionales, estilos de vida, deportes. Te verás mucho más inteligente a los ojos de los demás si tienes algo que aportar en la mayor cantidad de temas posible.

🔹 *No inviertas mayor tiempo en asuntos menores:* Como regla general, invierte la mayor parte del tiempo de tu participación en asuntos importantes y solo tiempo mínimo en asuntos mínimos. Una característica de individuos con poca experiencia, es que ellos suelen invertir mucho tiempo de sus asuntos con comentarios sin importancia. Una excelente estrategia es evaluar la jerarquía verdadera del asunto en particular y darle el tiempo acorde con tal importancia. Luego prosigue para tocar el tema que es de mayor interés para tu auditorio.

Parte de ser un excelente comunicador consiste en asegurarte que hayas escogido los temas adecuados para el grupo apropiado de gente. Cuando te aseguras de esto, te estás cerciorando de brindar una mejor experiencia a todos los participantes.

¿CUÁL ES GENERALMENTE TU TEMA DE CONVERSACIÓN?

Durante la siguiente semana, toma nota especial de los temas que discutes más a menudo con otros en tus conversaciones diarias. ¿Hablas más acerca de las noticias de día o te preocupas más por el bienestar de la gente? ¿Contienen tus conversaciones una mezcla entre lo entretenido y lo trascendental? ¿Prefieres hablar sobre temas sin importancia? Y lo que es más importante, ¿estás satisfecho con la clase de temas que escoges para hablar con los demás?

Si tu respuesta es "sí", continúa adelante expandiendo tus relaciones con los que enriquecen tu vida con el contenido de sus conversaciones. Pero si no estás satisfecho con tus temas de conversación, revisa este capítulo cuidadosamente y procura pensar en dos o tres formas de cambiar tu enfoque cuando se trata de escoger temas de discusión. Adicionalmente, asegúrate de expandir tu círculo social para que puedas rodearte de personas que hablan sobre otras cosas importantes con mayor manejo del que tienes actualmente; socializa con personas que hablan más adecuada y competentemente, tal como tú desearías llegar a hacerlo en el futuro.

LO REALMENTE IMPORTANTE

Recuerda que para *"hablar como un triunfador"*, en un sentido más amplio, también debes *"escoger como un triunfador"*. Todo lo que tienes que hacer es seguir esta simple y poderosa regla: ***Escoge temas de discusión apropiados***. Una vez que comprendas la importancia de esta parte tan esencial en el proceso de comunicarte efectivamente, solo es cuestión de saber manejar tus ideas poniendo esta regla en práctica con propósitos claros, y ensayando constantemente hasta que se te convierta en un hábito natural. Será mucho más fácil de lo que hubieras podido imaginar.

CAPÍTULO SEIS

CAUTIVA
GÁNATE LA ATENCIÓN
DE TUS OYENTES

"Él amaba hablar más que escuchar y discutir más que agradar. La gente se marchaba con muy alta opinión de las intervenciones del caballero, y con la firme resolución de evitar su compañía".
—Hester Lynch Piozzi
Memorista inglesa (1741-1821)

CAUTIVAR: 1.Obtener y mantener la atención de alguien. 2. Atrapar en una batalla, discusión o acuerdo. 3. Como se aplica en este libro, es la habilidad de entrar en una conversación y ganar positivamente la atención de otros.

¡Estás otro paso más cerca de desatar al triunfador que hay en ti! La gente ama hablar pero frecuentemente odia escuchar. Cuando sea tu turno de hablar, expresa tu opinión rápido y de forma interesante para que los oyentes no se aburran. Luego, hazte a un lado y permite a otros la oportunidad de expresarse. Si haces bien tu parte, la gente se agradará de volver a hablar contigo.

Si actualmente no tienes un teléfono en tu carro o un celular, entonces eres considerado por la mayoría de la gente como alguien que vive en la "edad de piedra". En todas partes donde quieras mirar, ya sea mientras manejas tu carro, vas de compras al supermercado, o esperas en línea para comprar un café en *Starbucks*, verás gente comunicándose a través de cualquiera de estos aparatos de comunicación.

Evidentemente, la gente que habla mucho por sus celulares tiene un plan de llamadas diferente al mío, el cual consiste en 450 minutos por $40 dólares mensuales. Pero si me paso de mi tiempo, entonces recibo una sanción de 0,45 centavos de dólar por minuto. Durante uno de mis meses más ocupados me extralimité en el uso de mis minutos, de tal manera que tuve que pagar $75 dólares adicionales y desde entonces me aseguro de tener mucho cuidado para no perder mi tiempo utilizando mi celular para hablar cosas que no valen la pena.

Ya sea que estés hablando desde un celular con un número limitado de minutos, o conversando personalmente con un amigo cercano, asegúrate de usar bien el tiempo diciendo cosas de valor y llegando al punto importante con rapidez, porque haciendo esto, le ayudas a tus oyentes a mantenerse interesados y con ganas de volver a conversar contigo en el futuro. No cometas el común error de pensar que por el hecho que *tú* quieres hablar, otra gente está muriendo de las ganas por escucharte durante largo rato.

LA GENTE TIENE ESPACIOS CORTOS DE ATENCIÓN

A veces nos olvidamos qué, en determinado momento los espacios de atención para alguna gente pueden llegar a ser muy cortos. Tomemos por ejemplo, una situación en la que todos hemos estado, cuando vamos en el carro y la luz del semáforo cambia a roja, momento en el cual comenzamos a divagar justo hasta cuando la luz vuelve a cambiar de color. No pasa un segundo antes de escuchar la bocina del carro de atrás pitándonos, y aunque pudo haber sido solo uno o dos segundos de espera, es así como podemos comprender, que algunas personas pueden llegar a ser bastante impacientes.

Otro ejemplo de impaciencia ocurre en nuestras conversaciones diarias. Si tomamos mucho tiempo para contar una historia personal, la gente comienza a molestarse por tener que escuchar durante largo rato y por cortesía puede que no nos interrumpan mientras continuamos hablando. Pero si hubiera una manera cordial de tocar una bocina, ciertamente lo harían sin dudarlo para recordarnos que debemos ¡avanzar en la conversación!

¿Alguna vez has visto a un comediante en el escenario que sea lento para llegar al punto en cuestión? La respuesta, obviamente es "no". Esto ocurre porque él sabe perfectamente que la mente se mueve infinitamente más rápido que la palabra dicha. Para que un comediante sea "efectivo", él debe captar la atención del público con una historia o comentario interesantes y continuar al siguiente punto sin detenerse. Si es lento aburrirá a sus oyentes y pronto se verá a si mismo buscando otro trabajo.

Ya sea que trabajes como comediante o estés tratando de comunicarte en forma dinámica en circunstancias normales con alguien más, es indispensable expresarte de manera que captes rápidamente la atención de tu oyente. Lo que esto significa es que, cuando comiences a hablar debes hacerlo en períodos breves e interesantes. Es solo hasta después que cada persona que participa en la conversación ha tenido su tiempo para hablar, que tú puedes tomar un espacio más largo para sustentar o concluir con tu punto de vista.

"No es difícil conversar

Por un corto espacio de tiempo

Acerca de temas sobre los cuales

Uno sabe poco,

Y es asombroso ver como uno puede

Hundir la barca de la conversación,

Izando y bajando sus velas,

Forcejeando por un lado y el otro

Para evitar los arrecifes,

Y finalmente dirigirse fervientemente al hogar,

Con la maquina fuera de borda

Haciendo un fuerte y alentador ruido".

—Virginia Graham
Autora de "Say Please" (1949)

Barca*: *un pequeño barco con tres a cinco velas.*

REGLA # 6: CAPTA LA ATENCIÓN DE TUS OYENTES

Una vez hayas concluido que los periodos de atención de la mayoría de las personas son breves, debe ser tu mayor prioridad captar la atención de tu interlocutor y mantenerla el máximo tiempo que te sea posible. De otra manera, ¡puede que sigas y sigas hablando del tema sin que nadie te preste atención!

Las siguientes sugerencias te ayudarán a mantener la atención de tu audiencia en los momentos críticos de la conversación. Si eres bueno en este punto, la gente pronosticará conversaciones interesantes contigo en ocasiones futuras.

- *Comienza con intervenciones cortas:* inicia con un preámbulo de frases pausadas y sencillas, algunas veces tan básicas como: *"¡Hola, qué tal! ¿Cómo estás?".* En la misma forma como los corredores olímpicos de las carreras de 100 metros hacen movimientos rápidos, una conversación entre dos personas puede necesitar una serie de movimientos cortos antes de entrar en lo importante. Hacerlo así es mucho más conveniente que si comienzas la conversación con un monólogo largo e ininterrumpido de tu parte. En ocasiones todos hemos observado a otros pasar por esa desagradable experiencia.

- *Haz un enunciado fuerte:* Como en los titulares de la primera página del *"New York Times",* se requiere de un enunciado fuerte para llamar la atención inmediata del oyente. Por ejemplo, cuando se acerca la celebración del día de San Valentín, puedes iniciar la conversación diciendo algo como: *"¡Están carísimas las flores! La floristería de la esquina está cobrando $100 dólares por la docena de rosas mas $20 dólares por el envió".* Otro ejemplo puede ser: *"¡Hablando de modelos con conductas terribles! Los sucesos de Britney Spears y Lindsay Lohan están convirtiéndose en ejemplos terribles para la jóvenes inmaduras".*

- *Impacta haciendo preguntas:* Si alguna vez has prestado mucha atención a un conferencista profesional, habrás notado que ellos inician su intervención haciendo a su audiencia una pregunta. Es más, ellos comienzan con el enunciado: *"Permítanme hacerles una pregunta",* y luego prosiguen con algo como: *"¿Alguna vez se han sentido muy indefensos y asustados?"* o *"¿Han estado alguna vez en una situación en la cual todo el mundo se conoce entre sí menos ustedes?* Con este tipo de preguntas, el oyente es forzado a pensar, pero si se hace cuidadosamente, la verdadera intención es ganar la atención del oyente logrando que se involucre rápidamente en la conversación.

🐟 **Comparte un secreto con tu audiencia:** ¿Qué mejor forma para despertar la curiosidad de tu audiencia, que revelándole información privilegiada? La próxima vez que te encuentres haciendo una fila en el supermercado, toma un momento para hojear las revistas y observa cómo éstas llaman la atención de los posibles compradores con titulares como: *"Mentes asesinas: Detrás de escenas (Guía de programas de TV)", "Secretos para tener más energía (Revista Ladie's Home Journal)", "¿Dónde conocerás a tu siguiente pareja? (Revista Cosmopolitan)".* Cuando tú sabes algo que otros desconocen, se crea la respuesta natural a prestar atención a lo que tienes que decir.

🐟 **Utiliza las noticias más atractivas:** Con el crecimiento del internet, las noticias viajan a la velocidad de la luz. Pero no toda la gente tiene el interés para seguir el desenvolvimiento de la información. Ejemplos de sucesos atrayentes son, como veredictos en la corte (Como fue el caso de O.J. Simpson relacionado con la muerte de Anna Nicole Smith), escándalos públicos (Britney Spears, Mel Gibson, Paris Hilton), eventos deportivos destacados (¿Quién ganó el partido de futbol o la palea de boxeo?), resúmenes de programas de concursos en TV (¿Cuáles fueron los eliminados en "American Idol", los sobrevivientes en "Survivor", o lo que ocurrió en los últimos capítulos de "Gray's Anatomy"?). Aunque a casi nadie le interesa saber los detalles de todo lo que está pasando en el mundo, mucha gente siente curiosidad por conocer los titulares o los puntos sobresalientes de los pocos temas que puedan interesarles puntualmente.

🐟 **Haz que la gente sonría o se ría:** Si puedes lograr que tu audiencia haga cosas durante los primeros diez segundos, estarás elevando tus posibilidades de asegurar su atención. Una de las mejores formas es utilizando el buen humor para lograr que la gente sonría y llegue a reírse. Ejemplos excelentes de individuos que logran captar la atención de su audiencia, son los conductores de los programas de opinión de la franja nocturna como David Letterman, Jay Leno y Jimmy Kimmel. Si observas con cuidado lo que ellos hacen, te darás cuenta de sus constantes intervenciones de humor ¡casi cada minuto!

🖎 *Muéstrate motivado con tu tema:* Si no sientes motivación con tu tema, entonces la audiencia también se va sentir de igual manera. Asegúrate que tus argumentos te estimulen y te hagan sentir orgulloso porque esa clase de sentimientos son los que le trasmites a tus interlocutores. Si no puedes encontrar un tópico de conversación que te interese, entonces cambia tu rol y conviértete en un oyente que escucha con atención.

Lograr un buen comienzo de conversación requiere que tengas la agilidad para enganchar rápida y efectivamente. No cometas el frecuente error de asumir que la gente por naturaleza quiere escuchar lo que tienes para decir. En el mundo ocupado de hoy, tu auditorio de repente quiere escuchar la primera y segunda frase de lo que quieres exponer, antes de decidir si quieren seguir prestándote atención por más tiempo.

¿CUÁL SERÁ EL ENFOQUE PARA INICIAR TU PRÓXIMA CONVERSACIÓN?

En una libreta, o en tu diario personal, toma unos momentos para hacer una lista de las formas frecuentes en que usualmente inicias tus conversaciones. Por ejemplo, yo generalmente inicio mis charlas de manera rápida porque me ha funcionado la mayoría de veces, aunque estoy seguro que algunos piensan que soy muy porfiado, cuando la ocasión no amerita que yo inicie de esta forma.

Cuando hayas terminado esta simple tarea, puedes repasar las sugerencias que acabas de leer en este capítulo. Escoge algunos enfoques que poco utilices y practícalos en tus próximas conversaciones, experimenta con estas nuevas formas de enganchar tu audiencia y observa si tienes la capacidad de llamar la atención desde el comienzo. Puede que te sientas un poco incomodo si no lo logras, pero enfrenta la realidad si ves que necesitas implementar nuevas técnicas que te ayuden a variar la forma en que estás iniciando tus intervenciones. Así contarás con el elemento sorpresa a tu favor cuando alguien decida interactuar contigo.

*"Su conversación fue como una suave copa de
champaña, burbujeante pero no llegó al cerebro".*
—Gertrude Atherton
Autora de "Transplanted" ("Transplante") (1919)

Para muchos, engancharse en una conversación es la parte más
difícil. Cuando cuentas con una variedad interesante de recursos
para captar a tu oyente, será mucho más fácil para ti llevar tus intervenciones al punto interesante.

LO REALMENTE IMPORTANTE

Recuerda que para *"hablar como un triunfador"*, en un sentido más
amplio, también debes *"cautivar como un triunfador"*. Todo lo que
tienes que hacer es seguir esta simple y poderosa regla: *Gánate la
atención de tus oyentes.* Una vez que comprendas la importancia de
esta parte tan esencial en el proceso de comunicarte efectivamente,
solo es cuestión de saber manejar tus ideas poniendo esta regla en
práctica con propósitos claros, y ensayando constantemente hasta
que se te convierta en un hábito natural. Será mucho más fácil de lo
que hubieras podido imaginar.

CAPÍTULO SIETE

EXPRÉSALO
APRENDE A DECIRLO DE MANERA ACERTADA

"Existen muy pocas personas que no se vean más interesantes cuando se terminan de hablar".
—Mary Lowry
Autora de "The Pacific Sun" (1985)

EXPRESAR: 1. Dar a conocer por medio de palabras. 2. Comunicar a otros tus ideas, pensamientos, y opiniones. 3. Como se aplica en este libro, es la habilidad de comunicar de tal manera que trasmitas la intención de tu mensaje de forma más agradable posible para tu oyente.

¡Estás otro paso más cerca de desatar al triunfador que hay en ti! Muchos creen que llegas al mundo con el regalo de comunicarte o simplemente sin ese don. En realidad, los grandes conversadores han desarrollado y refinado sus habilidades de expresarse en el trascurso de sus vidas. Como experto en comunicación, debes aprender en forma consciente la manera de expresarte efectivamente a través de un estudio y práctica serios con el propósito de mejorar. Así podrás adquirir las destrezas y auto-confianza que te habilitarán para tener mayor influencia en tus relaciones interpersonales.

El Instituto de Arte de Chicago, uno de los museos americanos más asombrosos, tiene en exhibición una pintura del siglo XIX del artista francés, Georges Seurat, titulada *"A Sunday On La grande Jatte"* 1884. La imagen muestra una multitud de gente visitando un parque en una isla en el rio Sena a las afueras de París, es una de las favoritas entre los visitantes del museo y es famosa alrededor del mundo. Lo que hace que esta pieza de arte sea tan fascínate, se debe a que Seurat utilizó unos pequeños pincelazos punteados de diferentes colores, que cuando se observan desde la distancia, se mezclan hermosamente. Que Seurat haya podido crear tan compleja y brillante pintura mediante el simple uso de punticos de colores, es realmente un sorprendente despliegue de arte.

En forma similar, existen maestros del arte del lenguaje hablado. Y como ocurre con esta obra de arte de Georges Seurat, la creación de brillante y complejo vocabulario puede ir acompañada de herramientas básicas y sencillas. Para aquellos aspirantes a ser mejores comunicadores, el asunto no es tratar de impresionar a la gente con tu dominio del lenguaje, sino expresarte brillantemente con el uso sencillo de color, diseño y claridad.

EL LENGUAJE DESCUIDADO PUEDE LLEVARTE AL FRACASO

La forma en que escoges tus palabras es básicamente la misma, ya sea durante una conversación en privado o en charlas a grupos. La única diferencia es que tu efectividad o falta de ella, será notoria en la medida del tamaño de tu audiencia.

Cuando estudiaba en San Diego State University, fui nominado como representante a la cámara social de todos los residentes masculinos dentro de la universidad. Para ese momento yo era un principiante divertido y enamorado, más interesado en las conocer gente que en asistir a clases. Mi oponente para representar a los residentes era un estudiante llamado Bill, encargado del funcionamiento de la emisora del campus y próximo a graduarse en telecomunicaciones.

Para nuestra elección, la totalidad de los residentes de la universidad se reunió en el lugar en el cual cada uno de los candidatos tenía cinco minutos para explicar su propuesta sobre el calendario social de actividades para el semestre entrante. Bill habló primero y presentó un discurso muy articulado y entretenido durante los cinco minutos completos, detallando sus planes para nuestros residentes, en los cuales mencionó conciertos, viajes, trabajo voluntario, salidas a la playa, y reuniones de estudio que incluía mujeres en nuestras instalaciones.

Después vino mi turno para convencer a la multitud. Desafortunadamente yo quería correr y esconderme en lugar de hablarle a esta gente, ya que realmente no había sido mi idea participar en la elección. Un amigo me nominó básicamente porque yo era su compañero de fiestas. Sin el entusiasmo ni la experiencia para hablar frente al público, le dije a la multitud: *"Básicamente, me encantaría encontrar más formas sobre cómo festejar con las chicas en las residencias femeninas. Eso es lo que realmente todos queremos, ¿no es así? Uhh... creo que eso es todo".*

Luego de mi discurso de 20 segundos, Bill y yo nos ausentamos por algunos minutos para que los compañeros residentes pudieran votar. A nuestro regreso, encontramos a todos riéndose, pues aparentemente se habían divertido con mi derrota final de 84 votos a 1. Mi único voto vino del compañero que me nominó. Ni siquiera el más solitario de los estudiantes en el recinto votó por mí. Finalmente uno de los chicos se aproximó y me dijo: "Esa ha sido una de las intervenciones más divertidas que jamás haya visto. Hiciste un completo ridículo ¡Fue muy chistoso!"

Avanzando muchos años hasta el presente, me veo a mi mismo dando discursos a grupos con respecto a mis libros, como también trabajando como guía turístico por temporadas. En mis dos clases de discursos tengo que tratar de hablar efectivamente acerca de distintos temas con claridad, humor y buen gusto.

Cuando miro hacia atrás y veo el titubeante discurso que pronuncié en la universidad y lo comparo con mis agiles entrevistas radiales, la diferencia me sorprende. Le atribuyo mi progreso con el paso del tiempo, a mi disposición para expandir mis habilidades y a mucha práctica haciendo algo que yo pude identificar como significativo para mi calidad de vida. Hasta las tareas retadoras de convertirme en hábil conversador y conferencista pulido, son cosas que tú también puedes lograr cuando te comprometes.

REGLA # 7: APRENDE A DECIRLO APROPIADAMENTE

Mucha gente cae en el error de pensar que, hablar bien significa emplear palabras sofisticadas y un estilo poético, pero este realmente no es el caso. Lo que verdaderamente deseas como comunicador, es impactar a la gente de la forma que tú quieres.

Las siguientes pautas te ayudaran a cumplir este objetivo a lo largo de tus conversaciones diarias:

🐚 *Enfócate más en expresar y menos en impresionar:* Cuando alguien trata de impresionar demasiado a otros con lo que sabe, usualmente causa el efecto contrario. A la mayoría de la gente le disgusta cuando alguien se pone en el papel de "sabelotodo". Es mejor concentrarte en expresar tus ideas con entusiasmo sobre cosas que realmente manejas y te agrada compartir, así tus interlocutores estarán naturalmente más atraídos, por el manejo interesante que tienes del tema, que por el contenido de tu mensaje en sí.

🐚 *Di lo importante sin tanta demora:* Luego de saludar, debes hacer la transición entrando en el tema exponiendo tu razón o motivo de encuentro con tu oyente, como por ejemplo: *"Aquí tengo una propuesta sobre tres maneras en que podríamos hacer que las noches de fin de semana sean más divertidas".* Luego, organiza tus pensamientos justo con las razones que te lleven a argumentar sobre tu punto de vista, como por ejemplo: *"Si hacemos estas tres cosas que propongo, no fallaremos en el intento de divertirnos cuando salgamos un fin de semana".* El auditorio se cansa de la persona que da muchas vueltas y no es directa en sus explicaciones, casos en los cuales, lo oyentes terminan concluyendo que la persona que habla simplemente quiere escuchar el sonido de su propia voz.

🕭 *Resiste la imprudencia de mentir o exagerar:* Una buena regla es: Muévete solo en la verdad. Si ésta no es suficientemente buena, entonces es mejor no decir nada. Lo que la gente comúnmente hace, para arreglar lo que no sabe, o lo que olvida y de repente es una verdad tonta, es mentir o exagerar. Lo que momentáneamente parece conveniente para arreglar el asunto, puede terminar en mala reputación como mentiroso o poco confiable en la exactitud de las cosas. Ya sea que escribas o hables, es muy aconsejable chequear tus razones cuidadosamente y enunciar la verdad para que los demás puedan validar la precisión de tus palabras con toda confianza.

🕭 *Pule tu lenguaje:* Tú nunca sabes quién puede estar esquivándote, simplemente porque el lenguaje que usas los ofende. No estoy hablando de ser "blandengue" ni de tener temor de expresar tus ideas libremente. Estoy hablando de no estar perdiendo oportunidades sociales por las palabras disonantes que escoges. Aquí están unos ejemplos de lenguaje inadecuado y sus correspondientes equivalencias en forma apropiada:

"Sobre mi cadáver"	*"Mi respuesta es No".*
"¡Me importa un diablo"	*"No me preocupa en lo más mínimo".*
"No seas payaso"	*"¿Solo estas vacilando, verdad?".*
"¡No seas estúpido!"	*"¡Compórtate bien!"*
"¡Puedes pudrirte en el infierno!"	*"¡Puedes hacer lo que desees!"*

🕭 *Desarrolla una buena clase de humor:* Si tu sentido del humor es descrito por otros como rudo, crudo, ofensivo, grosero, enfermizo, sucio, morboso, mórbido, etc., entonces deberías considerar seriamente la posibilidad de hacer cambios en esta área. La risa que puedes causar a corto plazo, puede que signifique a largo plazo perder amistades y encontrar dificultades para relacionarte. Algunas personas tratan intensamente de ser muy divertidas para llenar sus vacíos emocionales de aceptación, hasta llegar a subestimar lo que un mal chiste puede costarles en términos de respeto. Pero lo que es peor para el que ofende es que, rara vez reconoce que hizo o dijo algo realmente insultante, y pocas veces calcula lo que su mal sentido del humor puede disminuir el tamaño de su audiencia, o limitar sus oportunidades para asociarse con mejores grupos.

🐦 *Mide tus puntos de vista:* Es fácil exponer tus argumentos con tranquilidad frente a tus amigos más cercanos, pero frente a gente que difícilmente te conoce, puedes esperar inmediata oposición si tomas una posición radical en temas que sean controversiales. Puedes bajar esta resistencia hacia ti mediante el uso de frases preliminares como: *"Por favor, corríjanme si me equivoco..."* o *"Basado en mis pocos conocimientos..."*. Como lo he mencionado anteriormente, otra cosa importante es reconocer frente a tus oyentes lo que tú *"no sabes"* acerca de ciertos temas; también puede ser, que busques mas información acerca del asunto que se está discutiendo, o de la razón por la cual surgió la discusión, antes de dar tus opiniones. De esta manera evitarás hacer una mala interpretación de la importancia de la discusión y no caerás en enfatizar exageradamente tus opiniones, cuando lo que realmente está ocurriendo es un intercambio amistoso y superficial de ideas entre amigos.

🐦 *Jerarquiza el contenido de tu exposición:* Sabemos que la mayoría de las veces los oyentes disponen de poco tiempo para escuchar lo que quieres decir. A menos que sea un asunto extremo, la solución es que presentes la parte más importante de tu charla desde el comienzo, para ir añadiendo los detalles menores durante el tiempo restante. Esto permite que el oyente se entere del punto central sin tener que pasar por un largo tiempo de espera para comprender hacia dónde se dirige tu conversación. Adicionalmente, procura minimizar tus argumentos y razonamientos porque es fácil sobrecargar a la gente con demasiada información, especialmente si se trata de una conversación de naturaleza casual.

🐦 *Ajusta tu voz al estilo de tus oyentes:* Muchas veces lo que cuenta no es lo que dices sino la forma en que lo dices. Asegúrate que las características de tu voz están agradando a tus oyentes. Por ejemplo, no hables tan duro que te vuelvas ruidoso, ni tan suave que no puedan escucharte; chequea la velocidad y el tono que estás empleando para que no te vuelvas monótono. La clave aquí consiste en que te vuelvas más consciente de tu forma de hablar, encontrando los patrones que debes corregir y luego trabajes para mejorarlos, en beneficio de tus interlocutores.

A medida que aprendes a mejorar tu forma de expresarte, vas ganando la reputación de ser alguien que vale la pena escuchar. Una buena popularidad te permite hablar menos porque tus palabras tendrán más peso que antes. Esto creará un balance entre el tiempo que inviertes hablando y el tiempo que inviertes escuchando.

¡APRENDE POR LO MENOS UNA NUEVA PALABRA CADA DÍA!

Trata de llenar un crucigrama, de jugar *Scrabble* formando nuevas palabras y así te darás cuenta de la cantidad limitada de vocabulario que manejas actualmente. Sea que te sientas o no de esa forma, siempre es bueno expandir tu vocabulario, porque si tienes más palabras a tu disposición, este conocimiento puede ayudarte a mejorar tu habilidad para ser más expresivo.

Durante la próxima semana, comienza a desarrollar la rutina de incrementar conscientemente tu vocabulario aprendiendo una palabra diaria. Una forma de comenzar a desarrollar tu tarea, es comprando un calendario para anotar el término del día. Puedes leer el periódico, revistas, libros o artículos de internet, localizando palabras que no comprendes. (Cuando te encuentres con un vocablo que no conoces claramente, apúntalo en un papel y busca su significado en un diccionario para verificar la lista de definiciones y usos apropiados). Una vez que hayas encontrado la palabra del día por cualquier medio, comprométete a usarla varias veces a diario. Así estarás construyendo tu vocabulario un paso a la vez. Después de la primera semana, considera seguir empleando esta rutina como entretenedora y de mucha ayuda en tu proceso.

LO REALMENTE IMPORTANTE

Recuerda que para *"hablar como un triunfador"*, en un sentido más amplio, también debes *"expresar como un triunfador"*. Todo lo que tienes que hacer es seguir esta simple y poderosa regla: *Aprende a decirlo de manera acertada*. Una vez que comprendas la importancia de esta parte tan esencial en el proceso de comunicarte efectivamente, solo es cuestión de saber manejar tus ideas poniendo esta regla en práctica con propósitos claros, y ensayando constantemente hasta que se te convierta en un hábito natural. Será mucho más fácil de lo que hubieras podido imaginar.

CAPÍTULO OCHO

IMPACTA
DILO CON UNA EMOCIÓN
QUE DEJE HUELLA

---

*"Las relaciones humanas se construyen con sentimiento,
no con razones ni conocimiento.
Los sentimientos no son una ciencia exacta;
y como todas las cosas espirituales,
encierran la vaguedad y la grandeza
que les caracteriza"*
—Amelia E Barr.
Autora de "The Belle of Bowling Green" (1904)

IMPACTAR: 1. Crear un efecto emocional significativo en un ser humano. 2. Tener una influencia persuasiva o memorable en otros por la manera en que nos comunicamos.

3. Como se aplica en este libro, es la habilidad para expresarte de tal manera que dejes una profunda y agradable impresión en otras personas.

¡Estás otro paso más cerca de desatar al triunfador que hay en ti! Muchos piensan que son solamente las palabras que escoges, lo que logran la comunicación con otros. Pero los estudios han mostrado que la forma en que usamos nuestro lenguaje corporal (expresiones faciales, contacto visual, movimiento de las manos) y el tono de la voz, son los encargados de enviar el mensaje a nuestros oyentes con mayor fuerza que las palabras que presentamos. Otro de tus objetivos como experto en comunicación es darte cuenta que tus mensajes son tan poderosos como la emoción que trasmites con tu lenguaje no verbal. De esta forma puedes causar mayor impacto e influencia sobre los que te rodean, ahora y en el futuro.

Eldrick "Tiger" Woods es ampliamente reconocido como el jugador de golf más importante en la actualidad. A la edad de 32 años ha ganado más campeonatos profesionales y obtenido más victorias en la Asociación Profesional de Golf. Ha viajado más que cualquier otro jugador activo. Sus logros lo convierten en el atleta profesional mejor pago durante los últimos años.

En términos simples, el golf es un deporte en el que un individuo le pega a una bola para entrarla en un hoyo, con la ayuda de diferentes clases de palos. Un jugador profesional de la altura de "Tiger" Woods, es experto en seleccionar el palo apropiado para darle a la bola teniendo en cuenta la distancia correcta, la exactitud, y trayectoria adecuadas.

Igualmente, un experto comunicador debe saber elegir las palabras correctas para la ocasión correcta para hacer llegar el mensaje a su oyente con el grado de emoción deseado. De esta forma, el hablante puede conectarse naturalmente con otra gente en el nivel adecuado de emoción donde su impacto e influencia se sientan evidentemente.

¡NI MUCHA NI POCA EMOCIÓN!

Cuando nos referimos a encontrar el balance entre las expresiones de emoción y la ocasión, E. James Rohn, el filósofo y hombre de negocios aconseja: *"En cuestión de liderazgo, debes aprender a no dispararle con un cañón a un conejo. Es demasiada pólvora, es efectiva pero acabas con e conejo".*

Frecuentemente, mucha gente comete este error en su proceso de comunicación, cuando confrontan a un amigo o socio de negocios, con preguntas como: "¿Qué pasa contigo?", en lugar de escoger mejor las palabras y preguntar lo mismo pero en forma más acertada como: "¿Hay algo que te está molestando?" La primera forma suena más como a un ataque personal, mientras que la segunda puede interpretarse fácilmente como interés verdadero hacia el bienestar de la persona.

En el año 2005, durante su aparición en el programa de Oprah Winfrey, el actor Tom Cruise hizo un despliegue de sus sentimientos por su, en ese entonces prometida, Katie Holmes, con un ejemplo clásico de exagerada carga emocional. Cuando se le preguntó por su romance, Cruise comenzó a brincar eufóricamente en la silla, dando puños al aire mientras gritaba sobre su amor por Katie. Esta conducta alocada, le hizo ganar el primer lugar como "celebridad con una conducta alocada", comparada con la vez que Michael Jackson sacó a su bebé para mostrarlo por el balcón en Berlín, o a Farrah Fawcett mostrándose desorientada en el programa nocturno de David Letterman. Dejarse llevar exageradamente por la emoción, generalmente se convierte en un mensaje negativo en lugar de ser positivo. La conducta osada de Tom Cruise en el programa de Oprah no convenció a la audiencia de su amor por Katie Holmes, pero si creó ciertas dudas sobre su cordura y/o sensibilidad.

> *"Escupir tus entrañas es exactamente*
> *tan delicado como suena"*
> —Fran Lebowitz
> *Autor de "Social Studies" (1977)*

Como aspirante a ser un experto comunicador, quieres estar alerta a evitar expresiones de emoción mayores en ocasiones menores (las cuales, cuando se utilizan, pueden ahuyentar a las personas por el exceso de pólvora). De igual manera, tampoco quieres afectar a otros por el uso mínimo de expresiones cuando la ocasión tiene un gran significado. El secreto de la comunicación efectiva está en medir el tamaño de la ocasión cuidadosamente y escoger la cantidad apropiada de emoción para el momento que enfrentas.

REGLA # 8: DILO CON LA EMOCIÓN APROPIADA

Todos tenemos tendencias naturales para expresar nuestras emociones. Hay áreas o situaciones en las cuales tendemos a ser muy débiles o muy fuertes en la forma de comunicarnos con otros, y como resultado no logramos el impacto que deseamos.

Las siguientes ideas fueron diseñadas para ayudarte a mantener tu forma de expresarte bajo control, para que puedas afectar a tu audiencia con el impacto apropiado:

- *Emplea el humor sin ir al extremo de la tontería:* En el intento por animar el momento o por caerle bien a la gente, normalmente le inyectamos humor a nuestras intervenciones. El punto aquí es asegurarnos que el humor sea apropiado y de buen gusto. Cuando te sobrepasas con humor, puedes arriesgarte a ser percibido como alguien tonto. Por ejemplo, tengo un amigo a quien le encanta hacer caras chistosas en público, lo cual está bien con niños pequeños, pero cuando hace esto frente a personas de su edad, pasa por ser un poco tonto. Cuando juegas la carta del humor demasiadas veces, la gente puede llegar a tomarte por alguien inmaduro, inexperto, y no como la persona agradable que querías ser inicialmente.

- *Actúa con seriedad sin caer en la odiosidad:* En asuntos importantes, todos queremos que se nos tome en serio, pero al mismo tiempo no queremos que se nos rotule como persona muy trascendental. La parte atractiva de la seriedad es poseer la sabiduría para diferenciar lo importante de lo trivial. Por ejemplo, es bueno tomar seriamente la decisión de contratar a un excelente doctor para una cirugía o a un eminente abogado para que nos resuelva un caso legal, pero en cosas cotidianas no necesitamos el mismo grado de seriedad. Cuando pasas mucho tiempo en el lado de la seriedad, la gente puede pensar que eres aburrido, simple y alguien con quien no es divertido compartir. Si tienes tendencia a la seriedad, trata de mezclarla con conversaciones sin trascendencia, para que los demás puedan sentirse cómodos contigo.

🖐 *Actúa divertidamente sin caer en el extremo:* Actuar con libertad de espíritu y lleno de energía, generalmente se considera como divertido. Pero cuando alguien se sobrepasa, comienza a volverse molesto y extremo para otros. Por ejemplo, yo siempre he tenido la disposición para hacer bromas con mis amigos, generalmente con una sonrisa y buena actitud. Pero de vez en cuando, he tenido reacciones fuertes de mis amigos cuando he escogido el mal momento y lugar para hacer bromas. Más que pensar de mí como alguien divertido, mis pobres victimas me han visto como una persona molesta.

🖐 *Demuestra vivacidad sin confundirla con ansiedad:* Estar lleno de energía y pasión son dos cualidades que tenemos que incluir en nuestra vida diaria, pues no tenerlas nos hace actuar con simpleza, si es que no pasamos inadvertidos. De otra parte, podemos ir demasiado lejos si en lugar de actuar energéticamente, lo hacemos hiperactiva o nerviosamente. Esto logra que la gente que nos rodea se sienta incomoda cuando está en nuestra compañía por largos períodos de tiempo.

🖐 *Se colorido sin ser excéntrico:* Asistir a un seminario como autor es siempre para mí algo muy interesante por la diversidad de gente que encuentro allí. Aunque los escritores han tenido fama de introvertidos, la nueva generación es ahora llena de vida, apasionada y con personalidades interesantes. Ser lleno de colorido es casi un deber para auto-promocionarte, pero es muy importante tener cuidado de no ir más allá, hasta el punto de convertirte en una persona diferente y rara, lo cual no es conveniente. Es bueno que tengas cuidado en tu intento por auto-expresarte y ganar popularidad de tal manera que lo hagas en la medida correcta.

🖐 *Demuestra auto-confianza sin ser arrogante:* Ser altivo o arrogante puede confundirse con tener confianza en sí mismo. La diferencia entre las dos cualidades es que las personas arrogantes logran que la gente a su alrededor se sienta despreciada, mientras que las personas que demuestran confianza en sí mismas han trabajado sus habilidades internamente, entendiendo que la fortaleza es producto de un trabajo arduo consigo mismo, y no tiene nada que ver con hacer sentir mal a los demás. Superficialmente, las dos cualidades pueden parecerse, pero la diferencia se nota en la intencionalidad, como también en la clase de sentimientos, buenos o malos, que van quedando a lo largo de la conversación.

🕭 *Actúa con clase sin ser orgulloso:* Es una buena cualidad ser reconocido como refinado, con estilo, sofisticado y elegante. Este toque puede distinguirte de los demás, cuando la gente haga comparaciones por alguna razón. La clave está en que no seas tú quien desprecia a aquellos que no poseen esta característica. El hecho que sientas que eres superior a los demás es algo que se notará en el tono de tu voz y en tus expresiones faciales. Realmente, la persona elegante se presenta a sí misma de la mejor manera posible, pero a la vez está acompañada de calidez y amabilidad que fluyen de adentro para relacionarse con los demás, sin importar quiénes sean.

🕭 *No confundas la informalidad con el descuido:* La forma en que vestimos generalmente está relacionada con la manera en que nos expresamos al hablar. En los dos aspectos, está bien la informalidad si no se confunde con el descuido y el desorden. Como el borracho en el bar, una persona descuidada no tendrá discreción sobre las cosas que habla, las emociones que expresa ni su reacción a lo que otros dicen. Solo recuerda no ser muy descuidado en tus conversaciones porque corres el riesgo que la gente no te tome en serio en las cosas importantes.

Siguiendo estas pautas puedes mantener tus emociones bajo control y no asustarás a la gente con manifestaciones exageradas ni mínimas. A veces estas simples distinciones harán un mundo de diferencias para aquellos que aspiran construir relaciones solidas a largo plazo con un número amplio de gente.

¿DÓNDE ESTÁN TUS PUNTOS CIEGOS DE COMUNICACIÓN?

De la anterior lista de pautas, encuentra una o dos que te gustaría hallar en la forma de expresión de tus amigos, familiares, vecinos, compañeros de trabajo, y socios pero que ellos no tienen. ¿Crees que estas personas son conscientes de la línea tenue entre la forma en que ellos se comunican y la forma en que tú los percibes?

Y ahora es tu turno. De esta misma lista, encuentra alguna que tienes que trabajar en los próximos días y semanas y escribe tu intención. Ejemplo: Solo por hoy actuaré casualmente sin ser descuidado ni desordenado, o solo por hoy actuaré con colorido sin ser exagerado. Continúa trabajando con esta lista hasta darte la oportunidad de refinar todas las pautas propuestas en este capítulo.

> *"El conocimiento de sí mismo es un estudio difícil y debemos estar dispuestos a pedir prestados los ojos de nuestros enemigos para hacer la investigación".*
> —Hannah Farnham Lee
> *Autora de "The Log Cabin" (1844)*

Al igual que la gente que identificaste en los dos párrafos anteriores, no tenemos conciencia de nuestros puntos ciegos cuando se trata de cómo afectamos a otros con nuestros malos hábitos de comunicación. Ya que una retroalimentación honesta es difícil de hallar, un aspirante a experto en comunicación como tú debe recurrir a trabajar con una lista de chequeo que contenga los puntos mencionados, para tenerlos en cuenta y trabajar conscientemente para poder impactar de la forma deseada.

LO REALMENTE IMPORTANTE

Recuerda que para *"hablar como un triunfador"*, en un sentido más amplio, también debes *"impactar como un triunfador"*. Todo lo que tienes que hacer es seguir esta simple y poderosa regla: ***Dilo con una emoción que deje huella.*** Una vez que comprendas la importancia de esta parte tan esencial en el proceso de comunicarte efectivamente, solo es cuestión de saber manejar tus ideas poniendo esta regla en práctica con propósitos claros, y ensayando constantemente hasta que se te convierta en un hábito natural. Será mucho más fácil de lo que hubieras podido imaginar.

CAPÍTULO NUEVE

REVIVE
CUENTA HISTORIAS PERSONALES
QUE MOTIVEN

"Las historias contadas revelan significado
sin cometer el error de definirlo".
—Hannah Arendt
Autora de "Men In The Dark Times"
"Hombres en tiempos de oscuridad" (1968)

REVIVIR: 1. Experimentar algo nuevamente. 2. Usar la imaginación para recrear una experiencia memorable. 3. Como se aplica en este libro, es tener la agilidad de recapturar la energía original y el color, de una experiencia personal con la magia de tus habilidades de comunicación.

¡Estás otro paso más cerca de desatar al triunfador que hay en ti! Tú puedes, inadvertidamente aburrir a la gente contando largas, aburridas, e ininterrumpidas historias personales que no ofrecen entretenimiento ni valor de ninguna naturaleza. Al mismo tiempo, la gente puede no tomarte muy en serio si realmente no tienes nada para contar. Otro de tus objetivos importantes como experto en comunicación, es aprender a decir historias personales que sean interesantes de forma tan efectiva que puedas trasmitir su frescura y color para captar y mantener la atención de tus oyentes. Así podrás afectar emocionalmente y en forma natural cada vez que compartas una historia.

En la Navidad del 2006, uno de los regalos que recibí fue un CD de los *Beatles* llamado *"Love",* que es una colección de música con mezclas experimentales de algunas versiones originales de los *Beatles.* Fue diseñada como sonido de fondo para el espectáculo *"The Beatles Love Le Cirque Du Soleil",* que actúa en el hotel *Mirage* en Las Vegas.

El famoso productor musical Sir George Martin y su hijo Giles desarrollaron esta interesante mezcla y crearon la primera producción musical de los *Beatles* después de 10 años. Hablando del proyecto *"Love",* Giles Martin dijo: *"Lo que la gente va a escuchar en este álbum es una nueva experiencia, una forma de revivir toda la historia musical de los Beatles, en un período muy condensado".*

Desde su lanzamiento, el álbum *"Love"* se convirtió en el más vendido en los Estados Unidos. Al mismo tiempo, las entradas para ver *"The Beatles Love Le Cirque Du Soleil"* han sido las más solicitadas en Las Vegas.

Ya sea el nuevo material *"Love"* de la historia de *Beatles* o una historia personal que tú tienes para contar, tu auditorio disfrutará una nueva experiencia cuando tú revivas el pasado contando historias con un estilo fresco. De esa forma, la gente estará motivada para escucharte en el futuro.

MIENTRAS MÁS ENVEJECEMOS, MEJORES FUIMOS

Cada año, un grupo de amigos de la escuela secundaria nos reunimos con sus novias y esposas en san Diego para una reunión informal. Mi amigo Charlie Somol organiza este divertido evento en el restaurante de su propiedad llamado *"Good Time's Charlie Bar & Grill"*. La mayoría de los muchachos comparten sus historias incluyendo cuando estaban en la liga de beisbol, aprendiendo a surfear, salir con el mismo grupo de chicas, y todas las experiencias típicas de esa época.

Durante la primera hora de encuentro en *Good Time's Charlie Bar & Grill"*, pasamos por todas las formalidades, nos actualizamos sobre lo que cada uno está haciendo en el presente y la conversación generalmente cubre los temas de la familia, los viejos amigos, los cambios de actividades, aventuras y viajes, y asuntos de salud. Todos nos comportamos bien, de manera responsable y adulta hasta que el licor comienza hacer efecto y la reunión termina.

En estas tertulias, yo siempre corro para encontrarme con mi compañero de la liga de beisbol, Matt Victor. Él y yo tenemos un ritual, pues dondequiera que lo veo, inmediatamente comienzo a repetir el mejor momento que vivimos juntos cuando teníamos 12 años:

"Hay uno afuera en el último inning del partido del Silver Spur del campeonato de la Liga de menores de Beisbol y nuestro equipo va ganando por un punto. El bateador pega un golpe perfecto a la bola a Matt en tercera base y él toca la bola y me la manda a primera base para la segunda jugada. Mientras esto ocurre, el corredor que estaba en segunda base se dirige a la tercera base y yo rápidamente tiro la bola nuevamente a Matt a tercera base, pero la bola es baja y se le va. Instintivamente el corredor de tercera base se dirige a home con la oportunidad de empatar el juego. Pero Matt recupera la bola rápidamente y lanza un tiro perfecto a home. Nuestro pitcher estaba en posición unos pies cerca de tercera al frente de home e intercepta el tiro de Matt al cátcher y le pega al corredor justo por encima de la cabeza antes que este tuviera chance de apuntar. De repente nos dimos cuenta que este era el final del juego.

Todos los niños comenzamos a saltar en la cancha y es así como Matt y yo nos convertimos en los campeones de la liga menor de beisbol de Silver Spur".

Mi amigo y yo nos iluminamos de alegría cada vez que la historia se vuelve a contar. La esposa de Matt sonríe, y hace un gesto con sus ojos mientras nos dice: "Ese juego parece mejorar con el paso de los años". Matt y yo nos reímos juntos con plena consciencia que esta experiencia tan única crea entre nosotros un lazo muy especial que compartiremos juntos por el resto de nuestras vidas.

Ya sea reviviendo un momento atesorado durante la niñez o hablando de un evento cotidiano, es la forma interesante en que logres revivir tu historia al contarla, lo que realmente impactará la atención de tus oyentes. Cuando otras personas son capaces de revivir y disfrutar la esencia de tu vivencia, entonces surgirá en ellos la tendencia natural de conectarse emocionalmente contigo.

REGLA # 9: CUENTA HISTORIAS PERSONALES INTERESANTES

Equivocadamente, mucha gente cree que la capacidad de contar historias es un don dado por Dios, pero dando una mirada detallada observarás que los buenos contadores de historias han alcanzado sus habilidades, ayudados por una combinación de aspectos que consisten en aprender de buenos modelos, hacer esfuerzos conscientes e invertir años de práctica diaria.

Para ayudarte a mejorar rápidamente en esta área tan desatendida y subestimada de saber contar historias interesantes, los siguientes son puntos que puedes tener cuidadosamente en consideración:

- *Comienza diciendo que tu relato va a ser rápido:* Antes de comenzar a compartir tu experiencia inicias diciendo que serás breve expresando algo como: *"Tengo una breve historia que contarles"* o *"Esto solo tomará un minuto"* y así lograrás que te presten atención por un corto período de tiempo, lo cual es algo que la mayoría están dispuestos a hacer. Después es tu responsabilidad cumplir tu promesa haciendo tu relato con brevedad, dinamismo y directo al punto.

- *No pierdas tiempo con tantos pormenores:* Ya prometiste brevedad y por lo tanto no pases mucho tiempo explicando las circunstancias. Si logras cautivar a tu audiencia, ellos espontáneamente irán haciendo preguntas y pedirán más detalles cuando tú hayas terminado. Tu objetivo es darles a probar un poquito de tu experiencia, compartiéndoles la versión corta y si hay más tiempo y suficiente interés de parte de tus oyentes, puedes ampliar más adelante.

🕉 *Revive el momento de la acción inmediatamente:* Dentro de los primeros 10 segundos, haz mención del momento de la acción. Un ejemplo de esto puede ser: *"El martes pasado iba cruzando la calle, cuando de repente vi con la esquina de mi ojo un camión que venía sobre mí y me dije: 'Será mejor correr porque de lo contrario me va a atropellar'".* La clave aquí es asegurar la atención de tu público mientras la tienes. Los primeros 10 segundos son críticos y si no aprovechas este tiempo, estás arriesgándote a que la audiencia olvide tu relato.

🕉 *Repite el diálogo exacto:* Así como en una película, devuelve la escena y reproduce todas las cosas importantes que te llevaron a contarla, en lugar de parafrasear los comentarios que hiciste o escuchaste, retómalos como si estuvieran ocurriendo en el presente nuevamente. Puede que pienses en decir algo como por ejemplo: *"Fred se dio cuenta que habían muchas chicas lindas en el último festival del vino".* Una forma más cautivante de decir eso sería: *"Durante el festival del vino, íbamos caminando con Fred, cuando de repente él exclamó: ¡Steve, mira todas esas mujeres tan hermosas! ¡Parece que morimos y nos fuimos al cielo!'".* Repitiendo el diálogo revives la frescura, la emoción y el colorido del momento en particular.

🕉 *Trasmite todo el drama empleando tu cara y tu cuerpo:* Como en el juego de las representaciones, un poco de actuación puede darle a tu historia mucho colorido y sabor. Reviviendo la escena con un adecuado uso de tus gestos, tu lenguaje corporal y de manos, también podrás darle a tu audiencia un cuadro visible de los hechos, y no solamente la oportunidad de escuchar lo que pasó. No cometas el común error de dejar que las palabras hagan todo el trabajo y dale a tu audiencia la escena vívida de la situación, no simplemente un resumen simple de tu historia.

🕉 *Revela tu diálogo interno mediante palabras:* Una técnica poderosa que utilizan los conferencistas profesionales, para captar la atención de los demás, es expresar lo que ellos estaban pensando u concluyendo para sí mismos en el momento que ocurría el evento. Por ejemplo, puedes describirlo diciendo: *"Después que me humilló con sus comentarios injustos, yo necesité mucho tiempo para recuperarme".* Pero una forma más efectiva de contarlo es decir: *"Iba caminando ensimismado con mis reflexiones pensando para mí: '¡No puedo creer lo que me hizo! ¿Quién se cree que es? ¡Pero cuando me reponga de esto, entonces será mi turno de darle a probar un poquito de su propia medicina! ¡Eso es lo que hare!'".* Recreando tu voz interior para que la audiencia la escuche, puedes revelar tus pensamientos con la misma intencionalidad emocional, que obviamente estimulará mucho más al oyente en forma natural.

🪷 ***Termina tu relato en 60 segundos o menos:*** Tu objetivo en hacer una narración es dar la versión corta de algo que ocurrió. Si la gente te pregunta por más, puedes agregar detalles en ese instante o más adelante. Recuerda que las personas tienen momentos de atención cortos. Lo que tú crees que es una gran historia puede que no lo sea para una audiencia en particular, o para un determinado momento. O de repente, lo que tú pensabas que era intrigante se volvió complicado con tanto detalle al tratar de recrearlo. En cualquier caso, la gente estará dispuesta a escucharte si tú estás emocionado con lo que vas a decir, lo dices correctamente y eres breve. Como en un restaurante donde el servicio es bueno y rápido, recuerda servir tus historias con agilidad y frescura. Luego cambia dinámicamente tu función y disponte a dejar que otros intervengan compartiendo la charla.

Cuando cuentas experiencias de forma interesante, logras una buena influencia en los que te rodean y contribuyes para que se abra una puerta de discusión con tu audiencia en el futuro. Pero si ocurre lo contrario y utilizas unas estrategias pobres para contar tu relato, causarás que la gente evite conversar contigo por el temor de aburrirse por largo tiempo.

¡TIEMPO DE COMPARTIR Y CONTAR HISTORIAS!

Busca una grabadora y un amigo dispuesto a ayudarte en este ejercicio, que consiste es contarse mutuamente las experiencias favoritas de sus vidas preguntándose cosas al respecto como: *(1) ¿Puedes recordar un momento especial en el que estuvieras muy animado por algo? (2) ¿Se te ocurre algo por lo que estuvieras orgulloso? (3) ¿Viene a tu mente algún momento en que estuvieras muy feliz? (4) ¿Te acuerdas de alguna vez el la cual estuvieras enamorado?* La clave aquí es devolverte a ese momento específico y tener la agilidad de revivirlo como si estuviera pasando.

Para hacerlo apropiadamente puedes darle un repaso a los puntos de los que acabamos de hablar en este capítulo: recuerda comenzar diciendo que tu relato va a ser rápido, no pierdas tiempo con tantos pormenores, revive el momento de la acción inmediatamente, repite el diálogo exacto, actúa todo el drama empleando tu cara y tu cuerpo, revela tu diálogo interno mediante palabras y termina tu historia en 60 segundos o menos. En el primer intento no puedes demorarte más de 2 minutos; continúa practicando hasta que lo logres en un minuto.

> *"Una historia es una visualización sagrada,*
> *Una forma de hacer eco en una experiencia".*
> —*Terry Tempest Williams*
> *Autora de "Pieces of White Shell" (1984)*

Espero que te diviertas con este ejercicio. Después escucha tus grabaciones y observa lo que hiciste bien y las cosas que puedes mejorar. Hacerte consciente de tus fortalezas y debilidades es el primer paso para empezar a manejar ágilmente esta área de comunicación diaria.

LO REALMENTE IMPORTANTE

Recuerda que para *"hablar como un triunfador"*, en un sentido más amplio, también debes *"revivir como un triunfador"*. Todo lo que tienes que hacer es seguir esta simple y poderosa regla: **Cuenta historias personales que motiven.** Una vez que comprendas la importancia de esta parte tan esencial en el proceso de comunicarte efectivamente, solo es cuestión de saber manejar tus ideas poniendo esta regla en práctica con propósitos claros, y ensayando constantemente hasta que se te convierta en un hábito natural. Será mucho más fácil de lo que hubieras podido imaginar.

CAPÍTULO DIEZ

OBSERVA
RECONOCE CUÁNDO LA GENTE NO SE ESTÁ INVOLUCRANDO

"Dios nos dio dos ojos, dos oídos y una boca.
Entonces deberías observar y escuchar
dos veces más que lo que hablas".
—*Lynne Alpern y Esther Blumenfeld*
Autoras de "Oh Lord, I sound Just Like Mama" (1986)

OBSERVAR: 1. Notar y hacer distinciones. 2. Estar totalmente consciente sobre todo lo que los cincos sentidos reciben del entorno. 3. Como se aplica en este libro, es permanecer atento para ver si tu comunicación con otros está funcionando correctamente o no.

¡Estás otro paso más cerca de desatar al triunfador que hay en ti! La calidad de tus habilidades para comunicarte se mide por la calidad de la respuesta que recibes de la audiencia. Otro de tus objetivos importantes como experto en comunicación, es observar tu audiencia atentamente para percibir la forma en que te están respondiendo tus oyentes. De esa forma sabrás si es tiempo de ajustar tu estilo para lograr tus propósitos.

De acuerdo con *"Vision Counsil of America",* (una organización sin ánimo de lucro que trabaja en beneficio de la salud visual), millones de personas de todas las edades, no han corregido sus problemas visuales y tienen dificultades en esta área de la salud. Algunas de estas enfermedades, como glaucoma, (enfermedad del nervio óptico) o la enfermedad del ojo perezoso, pueden no manifestar síntomas y causar pérdida permanente de la visión, si no se tratan a tiempo. Por eso el examen constante de ojos es la mejor forma de asegurar una visión saludable para el futuro.

Una de las cosas que la visión saludable nos permite ver, es cómo otra gente nos responde. Se requiere de mucha atención, entusiasmo y agilidad, para saber leer la forma en que la audiencia está captándote y decidir en qué momento es necesario hacer ajustes para optimizar resultados.

Estar ciegos ante las respuestas de los demás cuando nos comunicamos, es la causa de la pérdida de muchas relaciones. Si estás dispuesto a ser más consciente de retroalimentarte con lo que sucede cuando hablas, estarás dando un paso gigantesco para mejorar tu efectividad al interactuar con los demás.

MANTÉN TU MIRADA EN LA AUDIENCIA

Algunas veces los conferencistas están tan concentrados hablando que se les olvida que también deben permanecer atentos para ver si el público les presta atención. Tuve un encuentro con esta clase de comunicadores recientemente durante un almuerzo social organizado por el condominio donde vivo. Originalmente planeaba no ir pero sin embargo en el último minuto pensé que sería una buena idea para mí, conocer a otros propietarios.

Un caballero que conocí allí comenzó a hablarme de tenis. Evidentemente había sido un jugador muy bueno durante su juventud y no le importaba hablar del tema por largo tiempo. Nuestro condominio tiene una cancha de tenis muy bien mantenida y este hombre estaba buscando a alguien para jugar, pero infortunadamente para él, yo no practico ese deporte ni lo encuentro interesante para ver, ni siquiera en televisión desde que Andre Agassi se retiró. Pero este hombre continuó hablando por cerca de diez minutos acerca de su amado tema sin notar que estaba recibiendo algo así como la mitad de mi atención.

Finalmente tuve que disculparme y decir que iba a buscar algo de comida y esta fue la única manera de salirme de una conversación que más parecía un monólogo. El resto del tiempo se me pasó tratando de evadir al vecino aficionado a su juego de tenis para no tener que aburrirme de su conversación. Si solamente él me hubiera dado más oportunidad para hablar más seguido y preguntarme algunas cosas, yo hubiera estado más interesado en sostenerle la conversación.

Así como un comediante actuando en un club, debes estar seguro de mantener tu mirada en la audiencia para poder ajustar tu estilo cuando necesitas que la gente te responda más favorablemente. Tú no quieres que tus oyentes se paren en la mitad de la conversación o se duerman cuando tú aún estás en la mitad de lo que tienes para decir.

REGLA # 10: RECONOCE CUÁNDO LA AUDIENCIA NO TE RESPONDE

Es fácil estar tan absorto haciendo la exposición de tus ideas que se te olvide monitorear el desenvolvimiento de las demás personas. Estas son algunas preguntas que te ayudarán a reconocer cuándo la audiencia está, bien sea saliendo o ya se haya desaparecido:

✧ *¿Qué muestran las expresiones faciales de los oyentes?* La mayoría de las veces puedes pensar que una expresión de preocupación significa que alguien no está de acuerdo contigo. Sin embargo, comúnmente también puede indicar que la gente está absorbiendo más lentamente de lo que tú estás hablando, y esa expresión de preocupación está diciendo que los dejaste atrasados con respecto a lo que estás exponiendo, y que ahora necesitas devolverte para permitir que tu auditorio vaya contigo a la misma velocidad con la que hablas. Esto ocurre con frecuencia cuando tu oyente queda atrapado en algo que no entendió y no ha podido avanzar desde ese momento. O tú puedes estar simplemente hablando muy rápido, u ofreciendo demasiada información y por eso no logran seguirte.

❧ *¿Qué puede significar la falta de contacto visual?* Es fácil pensar que las personas no está prestando atención o escuchando, cuando no te miran a los ojos. Eso puede o no ser verdad, porque se ha popularizado el hecho que ahora se desarrollan varias actividades al mismo tiempo y puede ser que alguien que no te mira si esté prestándote atención. Puede ser también, que alguien que no te mira a los ojos está preocupado por otra cosa. Otra posibilidad es que la persona que no mira a los ojos puede ser tímida y se siente incómoda de hacerlo. Pero en todo caso, como regla general, suele ser señal de alerta el hecho que no logres tener contacto visual porque usualmente significa que no estás teniendo un efecto extraordinario con tu conversación.

❧ **¿Cómo sabes si estás siendo muy serio?** Si comienzas a notar que tu oyente comienza a incomodarse, puede significar que tu conversación se está poniendo muy solemne para la ocasión. Puede ser que estás hablando de algo inapropiado acerca de información personal reservada con alguien que no te conoce muy bien. Puedes notar que están tomando una posición corporal muy tensionada como por ejemplo cruzando los brazos. Generalmente, la falta de respuesta positiva emocional cuando hablas, significa que debes encontrar otro tema, o que necesitas dar la oportunidad de participar, o necesitas escuchar más.

❧ *¿Cuando tu audiencia está muy callada,* **que significa para ti?** Completo silencio de parte de tus oyentes puede significar que quieren que termines la conversación. Probablemen-

"ESPERO NO ESTAR ABURRIÉNDOTE."

te piensan que es descortés interrumpirte y la mejor manera que encuentran para que lo entiendas es por medio del silencio. Hay otras situaciones en las cuales la quietud significa como por ejemplo, que la audiencia está sorprendida con la discusión y está tratando de responder en la forma adecuada. Cuando el silencio ocurra, es bueno preguntar a tu público periódicamente algo como: *"¿Me están siguiendo?"*

🌣 *¿Qué ocurre con la atención de la audiencia cuando tú hablas demasiado?* La gente comienza a perder el interés cuando hablas mucho o durante largo tiempo. También puede ser que quieran intervenir en la conversación o que quieran cerrar un tema que se vuelve indeseado. Cuando veas que la gente está perdiendo interés, cambia el tema y permite que otros tengan una oportunidad justa para decir sus opiniones.

🌣 *¿Qué significa cuando la gente se aleja de ti?* Todos tenemos un nivel de proximidad en el cual nos sentimos cómodos con la cercanía de otro; para algunos esa distancia de comodidad puede ser más cercana que para otros. De pronto tú tienes mayor preferencia de aproximarte a las personas más de cerca y la gente con que estás hablando puede sentirse invadida. Si la distancia que la gente mantiene contigo es excesiva, entonces debes considerar otras razones. De pronto tengas problemas con malos olores debidos a tu mal aliento, causado por nicotina, alcohol o comidas condimentadas y puedes estar dando un mal olor corporal, caso en el cual, un cambio de desodorante, otra ropa más fresca o un chequeo médico, pueden ser pertinentes. También puede ocurrir que el sonido de tu voz sea muy alto o irritante.

🌣 *¿Cómo sabes si tu audiencia solo está siendo amable contigo?* A veces tus oyentes pueden darte la falsa impresión de estar respondiendo atentamente a lo que tienes que decir, aparentando ofrecerte una respuesta no verbal positiva y hasta hacerte un cumplido. Pero cuando tu audiencia cambia rápidamente a otro tema completamente distinto, entonces pudo haber sido un caso de amabilidad de parte de tus oyentes hacia ti. Lo que podían haber estado haciendo era, esperar a que tú terminaras para ellos iniciar su tema, o pudieron haber estado atentos a tu conversación y quisieron cambiar el tema para evitar algún conflicto.

Cuando tu audiencia no está dándote ninguna clase de respuesta, ya sea no-verbal ni positiva, es señal que tienes que ajustar tu conversación al gusto de tus oyentes. De lo contrario puedes continuar en la dirección equivocada, alejándote de una experiencia grata mutuamente para todos los participantes en la conversación.

¿CÓMO TE ESTÁ RESPONDIENDO LA AUDIENCIA?

Durante la próxima semana haz todos los arreglos necesarios para tener una conversación uno a uno con un amigo. Puede ser que vayan a tomar un café o a almorzar juntos. Durante ese tiempo procura sostener una charla superficial de veinte minutos y observa cuidadosamente cómo responde tu amigo cuando hablas. Observa sus expresiones faciales (miradas de interés, risa, sonrisa, etc.), contacto visual, expresiones no-verbales y otros tipos de retroalimentación verbal y no-verbal.

Hazte las siguientes preguntas: ¿Están los demás tratando de enviarte alguna clase de mensaje por la manera en que te escuchan? ¿Podría ser que estás hablando demasiado y no escuchas lo suficiente? ¿Están preocupados con sus propios asuntos o simplemente distraídos con lo que ocurre a su alrededor? Si esa última posibilidad parece ser el caso, entiende que tu amigo puede ser dado a hacer varias cosas al tiempo y entre esas, está escucharte mientras escanea su entorno, toma una taza de café o come.

"La mayoría de las conversaciones son monólogos
Hechos en presencia de un testigo"
— Margaret Millar
Autora de "The Weak Eyed Bat" (1942)

El propósito de este ejercicio tan sencillo es prestar más atención a tu audiencia cuando hablas. Si haces esto efectivamente, estarás listo para hacer un cambio cuando alguien te de una señal clara de que el rumbo de tu conversación necesita un cambio.

LO REALMENTE IMPORTANTE

Recuerda que para *"hablar como un triunfador"*, en un sentido más amplio, también debes *"observar como un triunfador"*. Todo lo que tienes que hacer es seguir esta simple y poderosa regla: ***Reconoce cuándo la gente no se está involucrando***. Una vez que comprendas la importancia de esta parte tan esencial en el proceso de comunicarte efectivamente, solo es cuestión de saber manejar tus ideas poniendo esta regla en práctica con propósitos claros, y ensayando constantemente hasta que se te convierta en un hábito natural. Será mucho más fácil de lo que hubieras podido imaginar.

CAPÍTULO ONCE

AJUSTA

CONSIGUE MAYOR PARTICIPACIÓN DEL AUDITORIO

---

*"Con la Señorita Fairford, la conversación parecía
como un concierto y no un solo.
Ella daba la entrada a cada uno, concedía el turno,
cortaba el tiempo con su sonrisa, y de alguna manera
armonizaba e hilaba junto, todo lo que decían".*
—Edith Wharton
Autora de "The Custom of the Century"
"Las costumbres del país" (1913)

AJUSTAR: 1. Adaptar, cambiar, o conformarse a nuevas condiciones. 2. Cambiar para corresponder y encajar bien en un ambiente particular. 3. Como se aplica en este libro, es volver a direccionar tu conversación hacia un punto en que la gente pueda sentirse más interesada e involucrada.

¡Felicitaciones! Has recorrido más de la mitad del camino para desatar al triunfador que hay en ti. Entiende a este punto, que una buena conversación privada involucra la participación activa de todos los participantes. Como experto en comunicación, tu trabajo es ajustar tus conversaciones para que todos los participantes tengan la libertad de hablar y escuchar en términos relativamente iguales. De esa manera tus interacciones serán una experiencia balanceada y amena para cada participante.

Uno de los más importantes encuentros de futbol interuniversitario, ocurrió entre los equipos de "Troyans" de la Universidad Southern California (USC) y "Fighting Irish" de la Universidad de Notre Damem en noviembre 30 de 1974.

En ese paralizante clásico de rivales, Notre Dame iba venciendo a la Universidad de Southern California con un marcador de 24-6 hacia la mitad del juego. Cuando finalizó el primer tiempo del partido, el entrenador John McKay de USC se dirigió a su equipo de la siguiente manera: "Caballeros, si ustedes bloquean como deben, Anthony Davis (del equipo contrario) llevará la segunda mitad del saque inicial para el puntaje y entonces nosotros nos posesionamos a partir de ese momento. ¡Vamos!".

En el segundo tiempo, el jugador de USC Anthony Davis, devolvió la pelota 102 yardas para el aterrizaje y comenzó uno de los más grandes contragolpes de todos los tiempos. Los Troyanos llegaron a un puntaje inexplicable y USC ganó el partido por un marcador de 55-24, y eventualmente pasó esa temporada a ganar el campeonato nacional de futbol.

En el deporte del futbol hay un descanso en la mitad del juego para ajustarse a una estrategia particular según las circunstancias del partido, y durante este tiempo los entrenadores analizan sobre lo que los jugadores trabajaron y no trabajaron en la primera mitad del juego. Durante la segunda mitad, el equipo que ha estado jugando débilmente, puede revisar la estrategia haciendo ajustes para retroalimentarse y cambiar el curso del partido.

En forma parecida, mucha gente entra en una conversación con un plan básico para alcanzar buenos resultados, pero pueden ocurrir cosas en las fases iniciales del encuentro que creen resultados insatisfactorios. Aquí es cuando un buen comunicador sabe interpretar la retroalimentación que está recibiendo para poder ajustarse a una mejor estrategia y salir victorioso al final de la conversación.

Ya sea un partido de futbol, una conversación muy importante con un socio, o una conversación seria con un amigo muy apreciado, lo que importa no es cómo comienzas sino la forma en que terminas tu intervención. Hacer los ajustes necesarios durante el camino te ayuda a lograr tus propósitos, y es especialmente importante, cuando las cosas se salen de tu control.

¿ESTÁS CONMIGO?

Uno de los programas más conocidos en el tema de las comidas es *"Emeril Live",* conducido por el chef Emeril Lagasse y es grabado frente a la audiencia en la ciudad de Nueva York, con el acompañamiento musical de *"Doc Gibbs and Emeril Live Band",* la banda del programa. En la parte de cocina, los chefs invitados van desde el estilo de comida Cajun hasta chefs asiáticos bien conocidos (Wolfgang Puck, Paula Denne, etc.) y todos acompañan a Emeril para preparar sus platos cocinando alternamente con él.

Lo particularmente especial del programa, es la forma en que Lagasse mantiene a su audiencia interesada e involucrada en sus demostraciones de cocina. Él es conocido por el uso de frases que lo caracterizan y le encantan a la gente entre las cuales están: *"Pégale un poquito", "Reglas de puerco gordo",* y la más conocida *"¡Bam!",* cuando está agregando condimentos picantes a la comida que está preparando. Adicionalmente, Lagasse es suficientemente ágil como para mantener a su audiencia involucrada, aún cuando él está ocupado cocinando, empleando una simple pregunta de vez en cuando como: *"¿Me están siguiendo?"*

Tanto como comediante, como chef de fama mundial, Lagasse ha hecho de su programa un suceso único en la televisión, y lo ha logrado porque sabe cómo mantener la atención y el entusiasmo de su audiencia en vivo, con temas tentadores, mezclas interesantes de personalidades, y un manejo excelente como comunicador.

REGLA # 11: INVOLUCRA MÁS A TU AUDIENCIA

Las mejores conversaciones ocurren cuando los participantes tienen la libertad de participar total y libremente. Del otro lado, las peores conversaciones ocurren porque una parte monopoliza la discusión y la otra parte no tiene la oportunidad de participar.

A continuación encuentras unas pautas para evitar que el tiempo se utilice inapropiadamente y así lograr que todos participen por igual:

- *Permite espacios para que otros intervengan:* Cuando hables, asegúrate que dejas espacio para que otros intervengan en la conversación. Haciendo pausas periódicamente permites que tus oyentes hagan preguntas y expresen sus comentarios. Si la audiencia no tiene nada que decir durante esas pausas, puede ser que los tengas totalmente cautivados o que los perdiste hace rato.

- *Asegúrate que tu audiencia esté cómoda:* Una noche me encontré con un viejo amigo saliendo de una tienda de abarrotes. Él llevaba dos bolsas de comida en sus brazos y parecía muy afanado. Yo le dije "hola" y comenzamos una conversación que luego se alargó y finalmente duró un poco más de lo que debía. Después que cada uno hicimos nuestros comentarios, mi amigo se disculpó diciendo que su familia lo estaba esperando para la cena. Posteriormente fui cayendo en cuenta que pararse en la mitad de un parqueadero a conversar, con dos bolsas de comida mientras vas de afán, no es la forma más adecuada para sostener una conversación. Este encuentro me recordó que es sabio dejar las conversaciones largas para momentos en los que todos los involucrados se encuentren cómodos. La regla de oro propone que la mayoría de las conversaciones espontaneas sean cortas y agradables.

- *Pide opiniones a tus oyentes:* Luego de terminar con un enunciado o una explicación, puedes hacer seguimiento de lo que acabas de decir preguntando a tus oyentes lo que ellos piensan u opinan acerca de lo expuesto. Por ejemplo, yo siempre lanzo la pregunta diciendo algo como: *"Siento curiosidad por saber si algunos de ustedes tienen alguna reacción frente a lo que acabo de decir"* o *"A propósito, ¿Cuál sería su retroalimentación acerca de lo que dije?* Si mis apreciaciones son claras y sencillas, simplemente voy al punto y digo: *"Bueno... ¿qué piensan?".* Recuerda que entre menos cómoda esté la gente contigo, menos voluntaria es la retroalimentación.

🕉 ***Chequea la atención de tu audiencia periódicamente:*** Si estás dando mucha información pesada, es muy sabio que te asegures que la gente no se pierda en el camino. Es bueno preguntar con alguna frecuencia cosas como: *"¿Están conmigo?", "¿Me comprenden lo que estoy diciendo?", "¿Me estoy haciendo entender?"* Hasta un ocasional *"¿Verdad?"* al final de cada enunciado ayudará a tu audiencia a mantener el ritmo contigo. Recuerda que nunca logras convencer a una mente confusa, y si tu intención es influenciar a la audiencia con tus ideas, tendrás que asegurarte de ajustar tu conversación para que los oyentes no se queden confundidos y perdidos a lo largo de tu intervención.

🕉 ***Cambia a un tema más agradable:*** A veces, la elección de un tema en particular puede causar desgano entre la audiencia. En ese caso, puede que tu intervención en el asusto sea suficiente y sea el momento para cambiar hacia un tema de mayor agrado. El mejor ajuste que puedes hacer, es el de hablar sobre cosas que agraden a tu público, y así ellos participarán con entusiasmo porque estarán hablando en términos que les interesa.

🕉 ***Desarrolla alguna actividad con tu audiencia:*** Es muy poco conocido el hecho que, en la medida que una persona cambia la posición de su cuerpo, le es más posible cambiar sus patrones de pensamiento. Mejor que solamente hablar y explicar, invita a la persona a que cambie de actividad. Por ejemplo, si la ocasión se presenta, puedo decir: *"Richie, muéstrame una de esas expresiones faciales que te encanta hacer".* Hasta hacer algo tan sencillo como llevar a tu audiencia a ponerse en pie después de una extensa conversación, puede ayudarte a mejorar las cosas. También puedes llevarles a cambiar la posición de cabeza y ojos diciéndoles: *"¡Oh, miren! ¿Habían visto algo más sorprendente que eso?"* En otra situación común, puede que estés enfrentando la incomodidad de un oyente que no está muy convencido de tu enunciado e insiste en permanecer con los brazos cruzados. En ese caso puedes pedirle que te ayude a sostener alguna cosa, como por ejemplo: *"¿Discúlpame, me puedes ayudar a sostener esto por un minuto, por favor?"* Esta es una forma indirecta pero calculada de lograr que junto con el cambio de posición corporal, la persona también cambie su actitud mental.

🔊 *Invita a alguien más a participar en la conversación:* A veces puede que entre dos personas se acaben los puntos en común durante la conversación, o de pronto no se sienten cómodos el uno con el otro, y puede que se requiera de una tercera persona para que la situación fluya con comodidad. He observado que entre hombres, una conversación es más amena cuando participan tres personas en lugar de dos, mientras que para las mujeres es completamente cómodo hablar entre dos. Si observas que tu conversación tiende a apagarse con determinado individuo, entonces pueda que quieras hacer comentarios cortos hasta que se vayan sintiendo más a gusto el uno con el otro. Hasta que la situación se normalice, es bueno que planees por adelantado que alguien más te acompañe a participar en la conversación.

A medida que vas encontrando y aprendiendo a utilizar formas creativas de involucrar a tu audiencia (como las que acabas de leer), te vas convirtiendo en un mejor comunicador. La clave está en ir adaptando tu enfoque hasta que encuentres algo que funcione en cada situación, Esto significa, que los ajustes más importantes surgirán cuando tú estés dispuesto a elevar más tu nivel de consciencia para incrementar tu propia flexibilidad, antes que todo.

ES TIEMPO DE SEPARAR TUS ÉXITOS DE TUS FRACASOS

Toma un momento y piensa en dos conversaciones que hayas tenido con la misma persona anteriormente. Primero escoge una interacción que no funcionó y terminó muy rápidamente. Después elige una conversación en la cual las cosas marcharon muy bien para las dos partes y cada uno tuvo un papel activo.

Por ejemplo, el mes pasado tuve un encuentro rápido con alguien, en el cual compartí que estaba enfermo de influenza. Esa conversación no marchó muy bien porque solo hablé de mí y no le di a la persona la oportunidad de decir alguna cosa. Lo que se me olvidó fue decir algo tan simple como: *"¿Has estado tan enfermo que no puedas ni salir de la cama?"* Una pregunta como esa le hubiera abierto la puerta a esta otra persona para ofrecer algunos comentarios. O yo hubiera podido elegir un tema más agradable para los dos.

La semana pasada me volví a encontrar con esta misma persona y tuvimos una conversación de mucha mayor calidad sobre un torneo profesional de volibol de playa que va a iniciarse en esta área. La elección de este tema, mucho más divertido que yo estando enfermo de influenza, permitió un intercambio natural de ideas que terminó siendo mucho más agradable para los dos.

> *"La conversación entre dos personas que comparten recuerdos,*
> *Si el recuerdo es una delicia para las dos,*
> *Es tan apasionante como la música o hacer el amor.*
> *Hay un ritmo y una predisposición tan especial,*
> *Que cada uno se anticipa y se deleita".*
> — Jessamyn West
> *Autora de "The State of Stony Lonesome" (1984)*

Después de escoger tus dos ejemplos de conversación, trata de determinar las diferencias más importantes entre la una y la otra, que permitieron distintos resultados. Usa las ideas que leíste en este capítulo para resaltar tus errores y puedas evitarlos en tu próxima conversación.

LO REALMENTE IMPORTANTE

Recuerda que para *"hablar como un triunfador"*, en un sentido más amplio, también debes *"ajustar como un triunfador"*. Todo lo que tienes que hacer es seguir esta simple y poderosa regla: ***Consigue mayor participación del auditorio***. Una vez que comprendas la importancia de esta parte tan esencial en el proceso de comunicarte efectivamente, solo es cuestión de saber manejar tus ideas poniendo esta regla en práctica con propósitos claros, y ensayando constantemente hasta que se te convierta en un hábito natural. Si de pronto te sientes desanimado o frustrado en tu jornada, recuerda que la habilidad natural para triunfar está dentro de ti. Solo déjala brotar. Será mucho más fácil de lo que hubieras podido imaginar.

CAPÍTULO DOCE

ESCUCHA

TRANSFÓRMATE EN UN EXCELENTE OIDOR

"Escuchar es algo magnético y extraño, una fuerza creativa;
puedes ver que cuando tú piensas como los amigos
que realmente nos escuchan, es a ellos a quienes vamos,
y queremos sentarnos en su entorno sabiendo que
nos harán tanto bien, como los rayos ultravioleta".
—Brenda Ueland
Autora de "Strength to Your Sword Arm" (1993)

ESCUCHAR: 1. Hacer un esfuerzo especifico para oír y entender algo correctamente. 2. Prestar total atención a alguien que está hablando. 3. Como se aplica en este libro, es enfocar tu atención cuando alguien está hablando para que escuches el mensaje pero al mismo tiempo le hagas sentir respetado y valorado.

¡Estás otro paso más cerca de desatar al triunfador que hay en ti! A la mayoría de la gente no le gusta escuchar tanto como lo que le gusta hablar. Uno de tus principales objetivos como experto en comunicación, es darles a otros la oportunidad de expresarse a sí mismos más ampliamente. El simple acto de escuchar sinceramente, crea el ambiente para que seas apreciado, agradable y respetado por ello.

El *iPod*, aparato pequeño inventado por *Apple Corporation* que sirve para escuchar música, ha pasado de ser una novedad electrónica a convertirse en un icono que ha cambiado el estilo de vida en nuestra cultura en tan solo unos pocos años. Una de las versiones de iPod más recientes, llamada *Nano* está capacitada para guardar 1000 canciones, funcionar durante 14 horas sin necesidad de un cambio de baterías, y es del tamaño de una barra de caramelo.

Si vas a la playa, gimnasio, o centro comercial, veras probablemente docenas de jóvenes escuchando su iPod. Cuando se trata de escuchar su música favorita, los usuarios de este aparato se convierten en atentos oidores. Pero cuando se trata de escuchar a otros que están hablando, estos mismos usuarios del iPod puede que escuchen, pero escasamente utilizando la mitad de su atención o menos.

Si pudiéramos escuchar a otros de la misma manera en que los usuarios de estos aparatos escuchan su música, entonces con nuestra actitud, le enviaríamos a la gente que conversa con nosotros un mensaje que dijera que lo que ellos están hablando es muy valioso para nosotros. Adicionalmente, este simple acto de escuchar, llenaría la profunda necesidad humana que todos tenemos de sentirnos importantes, escuchados y entendidos.

OFRECE EL REGALO DE ESCUCHAR SINCERAMENTE

Mucha gente posee hábitos muy pobres que les impiden saber escuchar, y en el mundo de las citas amorosas parece que los hombres son particularmente culpables de eso. Una mujer me envió la siguiente observación acerca de este tema:

"A veces estoy en una cita para cenar con un hombre donde
no hay distracciones como la televisión, el teléfono o el
computador, para interrumpir nuestra conversación. Pero
a pesar de este ambiente, aparentemente perfecto, este
hombre no parece tener una conversación con intercambios
normales de opinar y contestar, sino que insiste en hablar
y hablar sobre él. Aún si un hombre ES capaz de sostener
un dialogo mas que un monologo, me doy cuenta que no
muchos hombres retienen lo que yo estaba diciendo, si lo
que digo tiene que ver CONMIGO y no con ELLOS.

Y no estoy hablando de discusiones largas y acaloradas.
Estoy hablando de compartir temas importantes sobre mi
vida que tienen que ver con quién soy bajo circunstancias
normales. Y solo para hacer la claridad, no estoy hablando
de compartir "grandes" temas necesariamente, aunque
a veces lo son. Principalmente se trata de cosas que
me están ocurriendo. Mis amigas, (aun las nuevas)
frecuentemente me preguntan cosas como: "¿Cómo te fue
en esa presentación tan importante que tenías la semana
pasada?" Los hombres dicen algo como: "Umm, ¿Cuál
presentación?" Si un hombre recuerda suficientemente bien
cómo me fue en alguna de mis cosas, es algo tan raro, en mi
humilde experiencia, como para considerarse memorable e
impresionante.

Lo más importante, que he encontrado, es que los hombres,
más que las mujeres, Son malos en prestar atención
e interesarse lo suficiente como para escuchar. Con
frecuencia me sorprendo sobre la ENORME diferencia
que existe entre la manera en que me escuchan los
hombres con quienes salgo, versus las mujeres que estoy

conociendo como amigas. ¿Son los hombres realmente
tan DESPISTADOS sobre lo que se llama "escuchar
sinceramente"?

Mi respuesta a este cometario es que la deficiencia al escuchar
puede tener una variedad de razones, entre las cuales, las más comunes pueden ser: 1. Estar distraído con la televisión. 2. Estar preocupado con presiones en el trabajo o el hogar. 3. Tratar de escuchar
mientras se hace otra cosa. 4. Pensar que la conversación es trivial o
insignificante. 5. Asumir que el mensaje será muy aburrido o largo.
6. Pensar que no hay un valor personal en lo que se está diciendo.
Y 7. Pensar que la otra persona generalmente no tiene nada bueno
que decir.

La mayoría de las veces, escuchar con poca atención le trasmite
al hablante el sentimiento que no te interesa suficientemente lo que
él o ella están diciendo, y es justamente ese sentimiento, el motivo
por el cual algunas relaciones son débiles.

REGLA # 12: CONVIÉRTETE EN UN EXCELENTE OIDOR

A mucha gente le encanta hablar, pero escuchar es una cuestión bien
distinta. Si quieres mejorar la calidad de tus relaciones, escuchar
efectivamente te exigirá enfocarte en el hablante aunque el tema no
sea particularmente interesante para ti, o el hablante mismo no sea
un excelente comunicador.

Los siguientes puntos están diseñados para ayudarte a desarrollar mejores hábitos para escuchar, los cuales son esenciales en la
comunicación y en el éxito en las relaciones interpersonales:

🐠 ***Presta toda tu atención al hablante:*** Mucha gente tiene la
habilidad de manejar el carro, navegar en internet, leer el
periódico, o hacer los oficios de la casa mientras hablan por
teléfono. Pero si te encuentras cara a cara con un individuo,
es muy apropiado que abandones tu habilidad para hacer varias cosas al tiempo en beneficio de la conversación, porque
de otra manera la persona puede llegar a sentir que no estás
interesado en lo que tiene para decirte. El primer paso para
convertirte en una excelente audiencia es parar lo que estás
haciendo para que puedas concentrarte exclusivamente en el
hecho de escuchar.

🕉 *Provee retroalimentación positiva tanto verbal como no verbal al hablante:* Además de eliminar tus hábitos pobres para escuchar, es importante que comiences con los buenos hábitos. Como toda buena audiencia, asegúrate de permanecer en silencio, inclinarte hacia el hablante y mirarlo a los ojos mientras habla. Adicionalmente puedes sonreír, reír, mover tu cabeza y hasta interferir con algunas frases de acuerdo o desacuerdo. Algunos ejemplos de frases de adecuadas serían: *"Estoy de acuerdo", "Estoy contigo", "Eso es muy cierto", "Estás en lo correcto", "Muy buen punto", "Exactamente", "Estoy totalmente de acuerdo contigo".*

🕉 *No ensayes más lo que vas a decir:* Todos tenemos la tendencia natural a escuchar suficiente de lo que la otra persona está hablando hasta que lo entendemos. Luego pasamos el resto del tiempo pensando en lo que vamos a decir cuando el que habla termine. Este se convierte en un juego en el cual todos esperan a que el hablante se calle para hablar, pero nadie está prestando atención a lo que se está diciendo. Para evitar que esto ocurra, debemos prevenirnos de sacar conclusiones y asumir que sabemos lo que la persona va a decir, antes que termine la idea. Cuando tú te estás preparando para decir lo que quieres, tú estás metido en tus pensamientos en lugar de estar enfocando tu atención en el hablante.

🕉 *Busca primero entender a los otros en lugar que sean los otros lo que te entiendan primero:* La mayoría de la gente desea que la entiendan, pero rara vez pensamos en tratar de entender a los demás primero. Pero cuando comenzamos a trabajar en entender a los demás, desde el comienzo nos damos cuenta de lo que la persona quiere, y esto naturalmente resultará en conversaciones que le permiten expresarse y que haya un mejor intercambio de opiniones. Mediante el enfoque en los demás, aprendemos mas sobre ellos y podemos ayudarles a sentirse mejor apreciados. Además te percibirán como alguien que se interesa en otros y no solo en sí mismo.

🕉 *No interrumpas cuando otros hablan:* Cuando tratas de apurar a la gente en la conversación, ya sea interrumpiendo su idea, o completándola en tu mente, o terminando su enunciado con tus palabras, es garantizado que vas a causar alguna molestia. Después de todo, cuando se trata de una conversación, nada es más frustrante que tratar de hablar con alguien que no te presta atención. Para muchos este es un hábito inocente y no algo que tratan de hacer intencionalmente. Entonces, si puedes recordarte a ti mismo que durante una conversación debes permanecer paciente y dar a la persona la oportunidad para expresarse en su totalidad, verás cómo esta consideración con las demás personas mejora tu relación con los demás.

🐟 *Procura mantenerte quieto y no trasmitas impaciencia:* Recuerda que te estás comunicando con la otra persona por la forma en que le escuchas. Si actúas con inquietud, el hablante puede pensar, ya sea que estás aburrido con el tema, que tienes algo mejor que hacer, o quieres que termine su idea pronto para que tú puedas hablar. Manteniendo tu cuerpo tranquilo (sin moverte nerviosamente, garabatear, mover tu cabeza, mirar a todos lados constantemente), le producirás serenidad al hablante y le permitirás que termine su idea calmadamente.

🐟 *Repite las palabras del hablante para ti, para lograr mayor retención:* Una cosa es fingir que eres buen oyente teniendo todos los comportamientos externos, pero lo que el hablante realmente quiere es afectarte con lo que está diciendo. Una forma de lograrlo es que des el paso extra de retener la esencia del mensaje repitiendo mentalmente las palabras que escuchaste porque este mecanismo causará una mayor impresión en tu mente, de tal forma que puedas retomar estas palabras en tu memoria y compartirlas posteriormente con el hablante, quien se sentirá gratamente impresionado por la forma en que recuerdas lo que dijo.

🐟 *Cuando escuchas puedes anticiparte a lo inesperado:* Mejorar tu capacidad para escuchar puede ayudarte a desarrollar también la capacidad innata de darte cuenta que nunca se sabe "quién, cómo, qué, cuándo o dónde" aparecerá una buena idea en tu camino. Cuando vas por la vida buscando inspiración e información, te sorprenderás por lo que un buen oyente y una audiencia respetuosa pueden encontrar automáticamente con el hecho de escuchar atentamente.

Para muchos, el camino a convertirse en excelentes comunicadores se enfoca más en el trabajo de ser oidores más atentos y conscientes, que en hablar excesivamente. Centrándote más en el papel del oyente, puedes conocer mucho sobre las otras personas, y además puedes darles el bien recibido regalo de haber sido escuchados sinceramente. Y si tú siempre has pensado de ti mismo, que eres un buen oyente, indudablemente descubrirás otras formas de mejorar tu atención con la ayuda de este capítulo que acabas de leer.

¡APRENDE DE TUS PROPIOS EJEMPLOS!

Detente un momento y piensa en alguien a quien consideres como un buen oyente. Es alguien con quien generalmente te encanta hablar porque se interesa mucho por ti y hace de la conversación una experiencia mutuamente agradable. Cuando piensas en este oyente, ¿qué características o destrezas, (ofrece total atención al hablante, hace preguntas inteligentes, es agradable, ofrece ideas útiles, etc.) aparecen naturalmente en sus conversaciones?

Ahora piensa en alguien de quien generalmente piensas que es un mal oyente. En contraste con la persona del párrafo anterior, ¿qué características o falta de destrezas (no da una retroalimentación positiva, interrumpe al hablante para tomar la palabra, corrige los errores del hablante o lo juzga, cuestiona las intenciones del hablante, discute, etc.) aparecen frecuentemente durante sus conversaciones?

Con un contraste claro entre estos dos tipos de oyentes de la vida real, decide tomar una acción positiva durante tu siguiente conversación y cuando la hayas terminado, haz tu propia retroalimentación enfocándote en cómo te sientes en tu papel de oyente. ¿Sentiste más gratitud de parte del hablante?

"Alguien a quien contárselo, es una de las necesidades fundamentales de los seres humanos".
—Miles Franklin
Autora de "Chilhood at Brindabella" (1963)

Lo importante aquí es que cuando cambias tus hábitos pobres para escuchar, por mejores hábitos, todas tus relaciones se beneficiarán. Otra gente se sentirá más apreciada por la forma tan amplia en que les permites expresarse.

LO REALMENTE IMPORTANTE

Recuerda que para *"hablar como un triunfador"*, en un sentido más amplio, también debes *"escuchar como un triunfador"*. Todo lo que tienes que hacer es seguir esta simple y poderosa regla: ***Transfórmate en un excelente oidor.*** Una vez que comprendas la importancia de esta parte tan esencial en el proceso de comunicarte efectivamente, solo es cuestión de saber manejar tus ideas poniendo esta regla en práctica con propósitos claros, y ensayando constantemente hasta que se te convierta en un hábito natural.

CAPÍTULO TRECE

CONTROLA
EVITA QUE TU CONVERSACIÓN
SE VUELVA NEGATIVA

---

*"Las malas batallas surgen cuando
dos personas están equivocadas.
Las peores batallas llegan cuando dos personas
están en lo correcto".*
—Betty Smith
Autora de "Tomorrow Will Be Better" (1948)

CONTROLAR: 1. Dirigir o inspeccionar un proceso o resultado. 2. Restringir una acción para eliminar consecuencias negativas. 3. Como se aplica en este libro, es la habilidad de reconocer y dirigir una conversación evitando que se convierta ampliamente en una experiencia poco placentera para todos sus participantes.

¡Estás otro paso más cerca de desatar al triunfador que hay en ti! Todos hemos tenido conversaciones que comenzaron bien y con buenas intenciones pero sin embargo finalizaron mal. Como experto en comunicación, es tu responsabilidad asegurarte de guiar tu conversación hacia la dirección productiva con la que la planeaste. Si haces esto consistentemente, tendrás una mejor oportunidad de mantener todas tus relaciones interpersonales en el campo positivo.

Los botones del control remoto de la televisión sirven para ajustar diferentes aspectos como imagen, volumen, brillo, cambio de canales, en el televisor. La mayoría de las mujeres están de acuerdo en que para los hombres el control remoto es una obsesión y que, cambian tan frecuentemente los canales que nunca pasan más de uno o dos minutos sin usarlo.

Este es un fenómeno tan popularizado en la cultura americana, que el otro día escuché un chiste que dice más o menos que:

> *"Una vendedora preguntó a una mujer que estaba de compras en un almacén: '¿Va a pagar estos artículos con efectivo o con tarjeta de crédito?'*
>
> *Mientras la compradora buscaba su billetera dentro del bolso para pagar, la vendedora observó un control remoto saliéndose del bolso de la mujer.*
>
> *Entonces le preguntó a la compradora si siempre cargaba con el control remoto de la televisión y la clienta le contesto:*
>
> *'No, pero mi esposo no me quiso acompañar, así que pensé que el castigo más cruel que podría hacerle, sería dejarlo sin el control remoto'".*

Como alguien que está utilizando un control remoto, un experto en comunicación verá necesario que en momentos se tome el control de la conversación cuando las cosas no están resultando como se habían planeado. La acción adecuada puede ser "cambiar el canal", con lo cual quiero decir "cambiar el tema" hacia uno más adecuado. También puede ser "bajar el volumen y ajustar el tono" para quitar la intensidad emocional negativa, que puede dar lugar a una intervención mejor intencionada.

Un enfoque sabio en la comunicación diaria es dejar que las buenas conversaciones trascurran naturalmente. Al mismo tiempo querrás estar listo para tomar control inmediato antes que una intervención negativa dañe la conversación. Debes saber que hay mucho en juego porque a veces solo toma un movimiento indeseado durante la conversación para arruinar una relación estable en forma definitiva, ya sea en el trabajo o en lo personal.

PERDER EL CONTROL PUEDE SER MUY COSTOSO

En noviembre del 2006, el actor Michael Richards quien protagoniza la serie de televisión "*Seinfeld*", desató una cantidad de ofensas verbales durante una de sus presentaciones personales en un club nocturno en Hollywod, California. Su mal momento ocurrió cuando utilizó repetidamente la palabra "n…" en contra de dos áfrico-americanos que le interrumpieron su presentación gritándole a Richard que no era divertido. El video del incidente, que aparecía en internet cuando yo estaba escribiendo esto, se ve a Richards diciéndole a sus interruptores "*¡Cállense! Cincuenta años atrás los tendría bocabajo con un… (Término fuerte) tenedor por arriba de… (Término fuerte)*". En el video se observa a Richards que continúa diciendo calificativos raciales y palabras obscenas por más de dos minutos.

Finalmente, alguien en la audiencia resuelve decir: "*No es chistoso*", a medida que la gente se iba abandonando el lugar, hasta que Richard salió del escenario.

Dos días más tarde Michael Richards hizo su aparición vía satélite en el programa "Late Show with David Letterman", (El show nocturno de David Letterman) en el cual se disculpó por sus ofensas raciales diciendo: "*Para mí, estar en un club haciendo una comedia y dejarme enfurecer para decir toda esa porquería, fue un total error. Lo lamento profunda, profundamente*".

A la semana siguiente, Richards contrató un experto en relaciones públicas con contactos influyentes dentro de la comunidad negra, contactando telefónicamente a líderes áfrico-americanos tan importantes como el reverendo Jesse Jackson y Al Sharpton, y el actor

Michael Richards quiso dirigir un extenso discurso repudiando el racismo y ofreciendo sinceras disculpas por su conducta tan vergonzosa en público. A pesar de sus intensos esfuerzos por prolongar las relaciones publicas, el publicista veterano de Hollywood Michael Levine, cuyos clientes incluyen a los comediantes George Carlin, Rodney Danderfield, y Sam Kinison, dijo: *"Nunca he visto algo como esto y creo que va a arruinar su carrera...va a ser un largo camino para que pueda recuperarse, si es que lo logra".*

Lo que comenzó siendo una oportunidad de diversión y entretenimiento frente a una audiencia, terminó por ser un suceso humillante que posiblemente arruine la carrera del actor Michael Richards, ya que ante los ojos de mucha gente, tanto el personaje de Cosmo Kramer caracterizado en *"Seinfeld"*, como el actor que lo interpreta, no volverán a ser los mismos.

La lección para aprender en este caso es que una conversación que se desvía por mal camino, puede arruinar una importante relación, una buena reputación, y en este caso una carrera como la del actor y comediante, una vida entera de dedicación, trabajo duro y buen nombre.

REGLA # 13: EVITA QUE TU CONVERSACIÓN SE VUELVA NEGATIVA

Si no tienes cuidado, una conversación amistosa puede convertirse rápidamente en un intercambio verbal de esos en los que a nadie le gusta participar. Las siguientes sugerencias te ayudarán a prevenir que esto no ocurra en tus relaciones interpersonales:

- *Evita las quejas persistentes y las críticas:* Todos hacemos críticas y nos quejamos de vez en cuando, pues es parte del ser humano. Pero lo que hay que evitar es el mal hábito de estar frecuentemente o por períodos muy largos en esa mala actitud. Cuando te des cuenta por ti mismo que estás haciendo críticas o quejándote ocasionalmente, asegúrate de no quedarte en esa actitud por mucho rato y procura mezclarla con comentarios positivos para balancear el enfoque de tu conversación. De lo contrario, tus fuertes dosis de comentarios negativos comenzarán a crear daño emocional en tus relaciones interpersonales.

- *Admite tu debilidad de antemano:* Antes que expreses algo inapropiado frente a lo que otros digan o hagan, es muy buena idea admitir tus errores desde el comienzo de la conversación, de tal manera que si dices algo inadecuado, es simplemente natural que otra gente reaccione con comentarios hacia ti como: *"¿Quién eres tú para hablar?"*. Por eso una buena forma de prevenir esta situación es diciendo algo como: *"No es que yo sea perfecto ni nada parecido pero..."*. Utilizando este tipo de frases, bajas naturalmente la intensidad de tus aportes negativos para que la conversación no deje de ser la experiencia positiva que se suponía que iba a ser.

✺ ***Busca un acuerdo y después cambia el tema:*** Una de las cosas más inteligentes que se deben hacer en una conversación, es darle validez a lo que el interlocutor está diciendo, no importa qué tan negativo es, simplemente respétale lo que dice porque eso le da fin a la insistencia de la otra persona para convencerte, e inmediatamente dirige la conversación en otra dirección cambiando a otro tema menos estresante, y mejor aún, que sea divertido y emocionante para todas las partes involucradas.

✺ ***Interrumpe una conversación negativa con un movimiento físico repentino:*** En las técnicas avanzadas de comunicación, esta estrategia recibe el nombre de "interrupción del comportamiento" con la cual, lo que realmente estás tratando de hacer es lograr que tu interlocutor cambie su posición corporal y con esto interrumpir su modelo de conversación. Lo que sugiero aquí es que utilices tu creatividad para lograr mover a la persona de alguna manera. Por ejemplo, si vas caminando por la calle con alguien que va haciendo comentarios excesivamente negativos, puedes pedirle que paren de hablar por un momento para que puedan caminar hacia eludir el tráfico pesado; también puedes pedirle que se mueva un poco más hacia algún lado para que no te de el sol en la cara. La idea es interrumpir la corriente negativa de la conversación con aparentes incidentes divertidos, para impedir que el hablante vuelva a la misma actitud mental de contradicción.

✺ ***Solicita otro momento y otro lugar para la discusión:*** En las ligas mayores de futbol, si existen condiciones desfavorables para el juego, como el mal tiempo, la lluvia, o la nieve, el juego es pospuesto o cancelado. Tú puedes hacer lo mismo en tus conversaciones demorando o pidiendo un próximo encuentro para un momento en que sea de mayor conveniencia para los participantes. Puedes actuar rápidamente diciendo algo como: *"¿Podemos hablar en unos 10 minutos? Me acabo de acordar que tengo que devolverle la llamada urgentemente a un amigo para algo importante".* Para el momento en que hayas terminado tu llamada, puede que haya bajado la intensidad emocional y tú puedas concluir el tema y continuar con la conversación en mejor dirección.

🙠 *Encuentra algo sorprendente sobre el tema:* Ten cuidado con esta estrategia porque no quieres que la otra persona sienta que su conversación es trivial. Si te ves en medio de una conversación que es muy seria o con un contenido muy negativo, comenta algo como: *"No es por cambiar el tema porque yo se lo importante que es para ti, pero no les parece curioso que..."* o también puedes tratar de cerrar el tema con algo como: *"...Y el resto es historia", "He estado ahí y sé lo que se siente".*

🙠 *Termina el ambiente negativo cerrando rápidamente la cuestión:* Identificando el asunto como negativo puedes despertar las intensiones positivas de todos los participantes en la conversación. Puedes intervenir diciendo: *"Sé que no queremos ser negativos con respecto a este tema pero ya estamos comenzando a sonar así".* Frecuentemente, no nos damos cuenta que estamos cayendo en discusiones desgastantes e improductivas, y este tipo de comentarios causarán que los participantes cambien el rumbo y se dirijan hacia una área donde todos disfruten de una experiencia más placentera.

Si le das uso a cada una de estas sugerencias, empezarás a tener mayor control de tus conversaciones y te darás cuenta que te arriesgas menos con temas que afectan tus emociones y actúas con base en ellas y te arrepientes posteriormente. Por lo menos, asegúrate que haya un balance durante tus intervenciones, en el cual no hables cosas muy pesadas ni temas desgastantes o negativos, para evitar que la gente no desee comunicarse contigo.

¡ENCUENTRA UN EJEMPLO SIGNIFICATIVO DE TU PASADO, AHORA!

A este punto, toma un momento y busca en tus recuerdos un ejemplo de una conversación bien intencionada que termino amargamente. Pudo ser con un amigo, familiar, vecino, compañero de trabajo o socio. De pronto pudo ocurrir en alguna actividad centrada en el trabajo, deporte, un tiempo de descanso, una cita, o socializando cotidianamente. Una vez que hayas encontrado tu ejemplo, toma como referencia los puntos anteriores en este capítulo y encuentra cuál de ellos te hubiera ayudado a evitar que tu conversación terminara mal.

Muy probablemente se te ocurran otras estrategias, pues existen más que estas siete formas para manejar este tipo de situaciones. Por ejemplo, una noche en que yo era el anfitrión durante la celebración de una comida para un grupo que yo estaba liderando, una mujer del grupo me mostró un poema que ella cargaba en su bolso y hablaba sobre la vejez y la muerte. Aunque me pareció que el poema estaba bien escrito, no pensé que el contenido era apropiado para una conversación tranquila durante la celebración, y se me ocurrió proponerle a la mujer que lo leyéramos frente a todos la mañana siguiente; después que le di mi opinión, cambié rápidamente hacia algo más adecuado para la ocasión.

Lo importante aquí es que tengas unas estrategias que se ajusten a ti para que las apliques tan pronto notes que se va a presentar una posible crisis en el transcurso de tu conversación.

LO REALMENTE IMPORTANTE

Recuerda que para *"hablar como un triunfador"*, en un sentido más amplio, también debes contro*lar como un triunfador"*. Todo lo que tienes que hacer es seguir esta simple y poderosa regla: ***Evita que tu conversación se vuelva negativa.*** Una vez que comprendas la importancia de esta parte tan esencial en el proceso de comunicarte efectivamente, solo es cuestión de saber manejar tus ideas poniendo esta regla en práctica con propósitos claros, y ensayando constantemente hasta que se te convierta en un hábito natural.

CAPÍTULO CATORCE

CONGRATULA
ASEGÚRATE QUE OTROS
SE SIENTAN APRECIADOS

---

*"Es muy grato para ti que poseas
el talento de congratular con elegancia.
Yo pregunto si estas atenciones tan placenteras
proceden de un impulso momentáneo,
o son el resultado de un estudio previo".*

—Jane Austin
Autora de "Pride and Prejudice"
"Orgullo y Prejuicio" (1813)

CONGRATULAR: 1. Dar un premio o mostrar admiración. 2. Expresar aprecio como un simple acto de cortesía, amabilidad o respeto. 3. Como se aplica en este libro, es reforzar los buenos sentimientos de otra persona, con expresiones enfocadas en mostrarle aprecio.

¡Estás un paso más cerca de desatar al triunfador que hay en ti! La gente ama recibir el regalo del aprecio sincero. Otra de tus metas como experto en comunicación es tomar ventaja de las oportunidades diarias que ocurren naturalmente, para darle a la gente el premio y reconocimiento que legítimamente merece. De esa manera, mejorarás dramáticamente el estado de ánimo cuando hables con los demás.

Tengo un lugar favorito para tomar café que se llama *Starbucks Coffee,* sobre la conocida avenida *Pacific Coast Highway,* cerca mi casa en *Huntington Beach* en California. El edificio es una unidad que despliega su diseño de arquitectura moderna con techos altos y claraboyas, grandes ventanales y un patio anexo, climatizado en el exterior del edificio. Este sitio es muy popular entre la gente de la playa y de los que tienen botes en el área, incluida la actriz Sandra Bullock y el actor comediante Jay Mohr, quienes han sido vistos en ocasiones en este lugar.

Lo que más me gusta allí es la gente tan amigable. El empleado que normalmente se ubica en el mostrador durante las mañanas de los días entre semana se llama Stephen. Esta mañana cuando fui me saludó diciendo: *"Hola, ¿cómo estuvo su fin de semana?"* Stephen es el empleado más espontáneamente atento que trabaja en el sitio y es muy bueno para mí comenzar el día con su amistoso saludo.

Todo los *Starbucks* tienen un lugar en el cual se depositan las propinas para mostrar aprecio por el servicio, pero yo decidí buscar a la gerente para expresarle cuánto me gusta la sucursal que ella maneja, diciéndole: *"Tienes un muy buen ambiente aquí. Hay otros dos Starbucks más cerca de mi casa pero yo prefiero venir hasta aquí porque encuentro una atmósfera muy amigable. Ese empleado Stephen, hace muy buen trabajo para ti. Hasta los clientes parecen ser más atentos aquí".*

Ella me contestó: *"¡Me arreglaste el día! Acababa de recibir un reclamo muy fuerte cuando me llamaste a hablar contigo. Todos los que trabajamos aquí podemos ver por el número de clientes que tenemos, que estamos trabajando bien, pero es muy raro que un cliente nos haga un comentario tan positivo como este. ¡Gracias!"*

Ya sea durante una visita a *Starbucks* o en una situación diaria, recuerda que si tienes algo agradable que compartir, asegúrate de decirlo, y tan importante como expresarlo, también es importante que lo hagas con emoción. Tú nunca sabes cuándo vayas a ser quien alegres el día de alguien mediante un elogio tuyo que sale del corazón.

RECUERDA QUE SOLO EL ELOGIO SINCERO CUENTA

Una de las mejores formas de ganar puntos con las personas es mediante elogios sinceros. Si eres conocido como alguien cálido y honesto, la gente aceptará más fácilmente tus cumplidos. Pero si parece que lo que quieres es ganar algo en tu favor o tu reputación es la de alguien manipulador, la mayoría de tus elogios terminarán siendo perdidos e inefectivos.

Por ejemplo, un amigo mío toca el piano en un restaurante muy elegante de cinco estrellas. Recientemente, me contó acerca de algunas de sus experiencias con algunos elogios de clientes versus los que recibe en el mundo de sus citas amorosas:

"El cumplido que más atesoro cuando estoy trabajando es: '¡Tú eres la razón por la cual viajo 35 millas para comer en este restaurante! Tu hermosa música y tu cálida personalidad le agregan mucho a A la experiencia de nuestra cena'. Recibo eso con bastante frecuencia y me hace sentir muy especial. De otra parte, no estoy muy convencido de ciertos comentarios acerca de mi 'educación' o mi 'inteligencia', cuando estoy en una cita. Usualmente los percibo más como un requisito para mi relación amorosa que como un reconocimiento a mi verdadero yo. Creo que lo que realmente busco en un elogio es la emoción con que me lo expresan, ya sea en mi trabajo o en mis citas amorosas. ¡Oh! ¡A lo mejor debería hacer citas con mis clientes!"

Parece que los elogios que tocan las fibras del alma son los que se dicen desde el fondo del corazón y no de la cabeza. Si quieres mejorar tus conversaciones por medio de los cumplidos, asegúrate de dar solo los que realmente sientes porque de lo contrario puedes crear el efecto contrario y que la gente se cuestione tus intenciones.

REGLA # 14: LOGRA QUE LA GENTE SE SIENTA APRECIADA

Como experto en relaciones humanas e instructor y conferencista de Dale & Carnegie Associates, tuve la retadora tarea de congratular a mis estudiantes después que ellos finalizaban su exposición de dos minutos frente a la clase. Durante cada intervención, yo buscaba algo de su historia que admirara, respetara o me gustara. Mediante el hecho de enfocarme en lo bueno de los demás, encontré la capacidad de hacer elogios de valor y calidad. Me orientaba por encontrar una cualidad y posteriormente buscaba la manera de sustentarla con la exposición de cada estudiante.

He encontrado que todos tenemos la capacidad de hacer elogios tanto a nivel personal como profesional de la misma manera en que yo lo hice como instructor en Dale & Carnegie Associates. La siguiente lista de estrategias te ayudará a mejorar tu habilidad para presentar cumplidos, para que puedas comenzar a construir relaciones más fuertes en tu vida:

🖐 *Presenta tus cumplidos inmediatamente:* Si respondes inmediatamente con un elogio sincero, la otra persona no va a sentir que estás obrando premeditada y manipuladoramente. Sin embargo, cuando esperas para hacerlo, va a parecer como algo forzado y fuera de lugar. Por eso es importante "planchar cuando la plancha está caliente" como "hacer un elogio cuando el sentimiento está vigente" y la emoción no ha pasado.

🖐 *Dilo en términos sencillos:* Si tu elogio es muy rebuscado entonces va a parecer premeditado o diseñado para dirigir el enfoque lejos de quien lo recibe y dirigirlo hacia ti. Si el elogio es muy encumbrado, entonces quien lo recibe se va a sentir incómodo y a dudar de su veracidad o sospechar del verdadero motivo. La mejor forma de hacerlo es encontrando evidencias que lo justifiquen, y expresarlo en forma sencilla.

🖐 *Encuentra una variedad de cosas para decir:* Busca la forma de elogiar en diferentes campos: 1) Apariencia 2) Acciones 3) Posesiones 4) Rasgos de carácter 5) Estilo. Hay muchas formas de ponderar a una persona, si sabes dónde buscar. Por ejemplo, yo soy muy sensible cuando alguien elogia mis rasgos positivos de carácter (honestidad, entusiasmo, calidez), o mis gustos con respecto a mis propiedades (carros, ropa, libros, aparatos electrónicos), y mi estilo de vida (vacaciones, restaurantes y formas de entretenimiento).

🕭 ***Busca elogios únicos:*** La regla de oro dice que mientras más inusual sea el elogio, mejor recibido será. En otras palabras, si quieres impactar con un cumplido, asegúrate de no hacerlo sobre algo obvio y procura que sea sobre algún aspecto poco identificado o subvalorado en las personas, para obtener un cumplido de valor hacia los demás.

🕭 ***Ofrece tu elogio en público:*** Si la situación es apropiada, siéntete libre de hacer el cumplido en frente a otras personas ya que tendrá un efecto más poderoso sobre quien lo recibe, que si simplemente lo haces en privado. Cuando estoy en un ambiente informal, generalmente mezclo mis cumplidos con algo como: *"No estoy tratando de ser un adulador ni nada parecido pero..."*. Lo hago con el fin que el elogio sea reconocido. Al mismo tiempo, no parecerá como si yo estuviera tratando de obtener crédito por haber sido quien lo dijo.

🕭 ***Trata de hacerlo por escrito:*** A veces un mensaje escrito que manifieste aprecio o ayuda, en una postal o un memo, puede tener un impacto poderoso y duradero en la persona que lo recibe. Tú nunca sabes qué tantas veces el receptor puede releerlo y revivir en su interior la calidez de las palabras bien seleccionadas que manifiestan cariño. Yo siempre mantengo un folder de postales, notas y correos electrónicos de personas que me han elogiado por mis profesiones paralelas de viajar y escribir. A veces necesito releerlas cuando me siento triste o me he olvidado de la gente a la cual he ayudado a lo largo del camino.

🕭 ***Recibe crédito por presentar buenas nuevas:*** Un cumplido en tercer grado es cuando tú das buenas noticias de otra fuente. Haces esto cuando compartes con otras personas lo bien que le ha ido a alguien conocido en común. Siendo específico y dando detalles, puedes dar un cumplido sincero aunque no seas la fuente original. Si alguien fuera algo sospechoso al respecto de tu comentario, es fácil complementarlo con algo como: *"No se trata de mi para nada. Yo soy solo el mensajero compartiendo algo muy bueno".*

🕭 ***Aceptar cumplidos como un regalo:*** Cuando alguien toma tiempo y esfuerzo en hacerte un cumplido, no desprecies este

detalle y por el contrario, recibe con agradecimiento mediante el contacto de ojos, sonrisa y un "gracias" entre pausas. Si
no agradeces, posiblemente no vuelvas a recibir un elogio de
esta persona nuevamente. En algunos refinados círculos sociales y de negocios, la inhabilidad para recibir un elogio con
agrado, es síntoma de falta de autoestima o falta de clase.

El mayor beneficio de hacer cumplidos es que comienzas un
reentrenamiento para enfocarte en las buenas cualidades de otra
gente. Cuando comienzas a mejorar tus hábitos mentales y emocionales, también comienzas a cambiar tu vida para mejorar. Además
se volverá más fácil y más natural para ti hacer un cumplido sincero,
una vez que tú mismo también te hayas concientizado de ser más
sincero.

¡ENTRA EN ACCIÓN CON TU CONOCIMIENTO Y TU CORAZÓN... AHORA!

A todos nos gusta ser elogiados. La mejor forma de comenzar a recibir más de ellos es comenzando a dar tributo a otros con mayor frecuencia. Elabora una lista de la gente que amas, respetas y admiras.
Además del nombre, incluye las razones por las cuales tienes esos
sentimientos hacia cada uno de ellos, como por ejemplo su sentido
del humor, su sonrisa, su buena visión de la vida. Ahora, piensa en
alguna circunstancia importante en la que puedas darles el regalo
de un cumplido. ¿Te sientes incomodo de hacerlo? Entonces puedes pensar en lo bien que te sentirías si alguien tuviera ese detalle
contigo.

Por la siguiente semana, comprométete a hacer sentir bien por
lo menos a una persona por día con algo que tú digas sobre cada una
de ellas. Repasa las sugerencias de este capítulo y practícalas para
que puedas mejorar tus hábitos. Mientras haces esto, recuerda que
no puedes elevar la autoestima de otra gente sin también mejorar la
tuya en el proceso.

LO REALMENTE IMPORTANTE

🕉 Recuerda que para *"hablar como un triunfador"*, en un sentido
más amplio, también debes *"congratular como un triunfador"*.
Todo lo que tienes que hacer es seguir esta simple y poderosa

regla: *Asegúrate que otros se sientan apreciados.* Una vez que comprendas la importancia de esta parte tan esencial en el proceso de comunicarte efectivamente, solo es cuestión de saber manejar tus ideas poniendo esta regla en práctica con propósitos claros, y ensayando constantemente hasta que se te convierta en un hábito natural.

"No sé, verdaderamente de algo mas

sutilmente satisfactorio y esperanzador

Que el disfrute real del buen nombre y el

aprecio de la gente.

Tal felicidad, no se consigue con dinero, ni

con un buen estado físico,

No se puede comprar. Pero es el más grato

gozo, después de todo,

Y la más valiosa y honesta recompensa".

—William Dean Howells
Autor y crítico literario americano (1837-1929)

CAPÍTULO QUINCE

CUESTIONA

PLANTEA PREGUNTAS QUE AYUDEN A INCREMENTAR EL RITMO DE LA CONVERSACIÓN

"La forma en que se hace la pregunta, limita y dispone
las formas en las cuales se puede dar la respuesta,
ya sea correcta o equivocada".
—*Sussane K. Langer*
Autora de "Philosophy of a New Key"
"La filosofía en una nueva clave" (1942)

PREGUNTAR: 1. Plantear una pregunta a alguien. 2. Buscar más información, buscar de claridad, o hacer un requerimiento de algo. 3. Como se aplica en este libro, es direccionar una conversación hacia áreas que pueden ser más agradables e interesantes para todos los involucrados.

¡Estás otro paso más cerca de desatar al triunfador que hay en ti! Hacer preguntas es una parte normal dentro de una conversación prolongada en la vida profesional y privada. Tu objetivo como experto en comunicación es hacer preguntas que provoquen respuestas positivas de la gente con quien interactúas. De esa manera tendrás la posibilidad de mostrar sincero interés mientras creativamente va fluyendo la conversación para el disfrute de todos.

El verano pasado tuve la oportunidad de ver un nuevo programa en vivo de aventura en NBC llamado "Treasure Hunters" (Cazadores de tesoros). Este programa se desarrollaba en un ambiente dinámico, en el cual participaban equipos de varios jugadores que trataban de superarse unos a otros en sus tareas, en búsqueda de un tesoro escondido. Los equipos viajaban a sitios históricamente importantes alrededor del mundo (Londres, París, Monte Rushmore, Boston, Nueva York, Filadelfia y Charleston en Carolina del Sur), donde ellos tenían que descifrar enigmáticos códigos y rompecabezas buscando claves que los llevaran hasta acercarse a la última pista para así obtener el enigmático gran premio.

Para poder resolver muchos de los códigos para el programa, los equipos fueron autorizados para emplear sus computadores portátiles para tener acceso a *ask.com (*la cual era formalmente *askjeeves.com en la cual participaba un anfitrión llamado el Señor Jeeves)* e ingresar una pregunta y recibir la respuesta en forma de enlaces importantes. Por ejemplo, en un episodio era definitivo conocer la localización presente del "Estado-Flanklin". Los equipos ingresaron la pregunta: *"¿Dónde es el estado Franklin?"*, para que *ask.com* les diera respuestas dirigiéndolos a lo que hoy es *"El estado perdido de Franklin"* localizado en el Este de Tennessee.

Las preguntas surgirán espontáneamente dentro de una conversación donde las partes interesadas están allí para intercambiar ideas.

Pero en el diario vivir, la curiosidad inapropiada o excesiva puede ser interpretada como intrusa o molesta. Si rompes la conexión y recibes una respuesta poco amistosa de alguien, probablemente preguntaste algo que estaba fuera del contexto y del momento. Cuando sea del caso, puedes enunciar tu pregunta a una maquina sin emociones como as.com, pero de lo contrario puede ser que hagas preguntas que molestan a la gente en lugar de permitirles participar de acuerdo con el flujo de la conversación.

LAS PREGUNTAS CONTROLAN EL ENFOQUE

Si le preguntas a alguien que está enojado, no te sorprendas si te dice: *"No se te ocurre preguntarme nada al respecto"*. Curiosamente, esto es lo que las preguntas logran: controlan el enfoque de lo que tú estás hablando. En cierto sentido, hacer preguntas es como elegir el rumbo de tu conversación. Una pregunta respetuosa e inteligente generará una respuesta correspondiente. Pero una pregunta brusca, desconsiderada o poco inteligente, recibirá respuestas ampliamente negativas con posibles daños de alguna clase dentro de la relación.

Por ejemplo, una situación en la cual mujeres solteras reciben preguntas inapropiadas es en las citas vía internet. Inicialmente, la comunicación entre personas que utilizan este medio es casi siempre por teléfono o por el computador, más que personalmente. Por alguna razón, la gente (especialmente los hombres) que conocen personas por la red pueden llegar a ser impacientes sobre la información personal que quieren tener acerca de la otra persona y hacen preguntas inapropiadas, con mayor frecuencia que cuando están conociendo a su cita personalmente.

Una mujer me escribió una carta dándome un ejemplo perfecto de preguntas inapropiadas con las que ella ha tenido que lidiar durante sus citas vía internet:

> *"Estaba hablando por teléfono con alguien que conocí en la red, y él me pregunto: '¿Entonces, que haces?', y tontamente yo pensé que me estaba preguntando por lo que yo hago para vivir y le conteste: 'Soy gerente de recursos humanos'. Y para mi sorpresa me dijo: 'No, ¿Qué HACES para los hombres?' Quiero una mujer muy apasionada y sexy'.*
>
> *Entonces comienzo a pensar: ¿Qué clase de hombre estoy tratando? Entonces le contesto: 'Bueno, tú nunca vas a saber eso, amigo. Es rudo*

*y ofensivo preguntarle eso a alguien que acabas de conocer". Y después
colgué.*

*A lo mejor los hombres que dicen esta clase de cosas piensan que
son muy divertidos y sexys, pero en realidad Están siendo irrespetuosos
y sin gusto. Algunas veces no puedo creer la actitud de alguna gente. O a
lo mejor estos servicios en línea solo atraen a los más desquiciados".*

Ya sea en la red de internet, en el teléfono, o en conversaciones
cara a cara, el diálogo con otra persona se dirige y cambia su enfoque
basado en la formulación de muchas preguntas. Cuando sea tu turno
de hacerlas, asegúrate de formularlas respetuosa y apropiadamente
para que logres una respuesta positiva en lugar de una reacción des-
favorable; adicionalmente, cuando te ejercitas en hacer preguntas, te
haces más capaz de mostrar interés sincero, de ser más consciente, y
más honesto en tus apreciaciones hacia la gente con la que hablas.

REGLA # 15: PLANTEA PREGUNTAS QUE AYUDEN A INCREMENTAR EL RITMO DE LA CONVERSACIÓN

A veces la gente se queda atorada en la mitad de sus conversaciones
y encuentran muy poco o nada que decir. Las siguientes sugerencias
te ayudarán a asistir a otras personas a encontrar el ritmo conversa-
cional para que la experiencia de hablar contigo sea más placentera:

- *Pregunta con intenciones sanas:* Asegúrate de ser amable,
agradable y colaborador en la manera como haces tus preguntas porque entonces estarás enviando la clase de energía
positiva que las gente recibe con naturalidad. Además no es
bueno que la persona a quien le haces la pregunta se ponga a
la defensiva llevándole a pensar que lo que está diciendo está
mal; es más fácil si observas en qué dirección quiere ir para
que tú puedas acompañarla en su intervención, ayudándole
con preguntas. Por ejemplo, a mi amigo Larry le gusta tomar
posiciones de ultra-derecha cuando se trata de temas políticos, pero en lugar de retarlo y señalarlo en las debilidades de
su partido, yo simplemente le pregunto lo que opinan sus líderes políticos.

- *Anímalos a avanzar en su tema:* Si tus interlocutores se de-
tienen intempestivamente en su discusión contigo puede ser
por temor a aburrirte, para lo cual puedes alejar sus temores

dándoles más libertad para expresarse, sencillamente preguntando más cosas y pidiendo mayor información. Por ejemplo, una pregunta adecuada para ayudar a avanzar en el tema es: *"Eso suena interesante, ¿me puedes contar más sobre el asunto?",* como también puedes ayudar a ampliar el panorama preguntando: *"¿Como pasó eso? Me gustaría saberlo".*

🕉 *Busca claridad en los enunciados:* A veces hablamos en términos amplios y generales. Por ejemplo, ocasionalmente me he sentido culpable de decir algo como: *"A las mujeres les encanta hablar, mientras que los hombres odian escuchar".* Si yo temo la reacción de alguien debido a mi enunciado, entonces debo decirlo sin mayores explicaciones, pero tú como oyente puedes seguir con el tema preguntando sencillamente: *"¿Qué quieres decir con eso?"* Hacer ese tipo de preguntas le da permiso al hablante para profundizar sobre un tema que puede interesarle a todos los involucrados.

🕉 *Pregunta por información delicada inteligentemente:* Habrá muchas ocasiones en que te encuentres haciendo una pregunta para ampliar una conversación y entras en un área sensitiva, de las cuales mucha gente prefiere no hablar a menos que se sientan seguros contigo. Para eliminar una posible reacción negativa, puedes comenzar diciendo: "Solo por curiosidad, ¿Qué es lo que odias más?" Lo que me ocurre con mayor frecuencia es que la persona conteste con otro pregunta como: *"¿Por qué me preguntas eso?"* o *"¿Qué te hace preguntar eso?"* Y la respuesta que sigue a eso sería: *"Oh, no te preocupes, solo tenía curiosidad".* La clave aquí es estar alerta a las áreas sensitivas que hagan que la otra gente se ponga a la defensiva. Entonces es cuestión de tener una respuesta aceptable si observas posibles reacciones negativas de aquellos a los que preguntaste.

🕉 *Maneja la típica respuesta "Yo no sé":* Este es un truco que aprendí en uno de esos seminarios que tomé de comunicación avanzada: siempre que encuentres resistencia a una pregunta con la respuesta *"Yo no sé",* es bueno que respondas rápidamente diciendo: *"Bueno, ¿Qué dirías si supieras?",* o *"Está bien, solo imagina* que sabes". El secreto aquí es hacerlo en forma rápida y natural como parte de tu conversación. Trata este truco con tus amigos y te garantizo que estarás sorprendido con los resultados instantáneos que obtendrás, entre los cuales será el de encontrar una forma para avanzar y mantener la conversación abierta a nuevos temas.

🖎 *Formula preguntas para hacerlos sentir con respuestas:* Muchas veces necesitas ayudar a las personas a quien escuchas con ciertas preguntas que les faciliten respuestas como: *1. ¿Entonces eso fue divertido para ti? 2. ¿Eso significa que te sentiste orgulloso? 3 ¿Cómo no ibas a estar alegre con eso? 4. ¿Eso fue algo que realmente disfrutaste, verdad? 5. ¿Debió gustarte mucho, no es cierto?* La idea aquí es mostrarle sus recursos emocionales haciéndoles preguntas que les permitan sentirse así. Observa que las palabras claves que estas usando aquí deliberadamente se dirigieron hacia evocar sentimientos de agrado, diversión, alegría, orgullo, felicidad, amor. Allí es donde la gente encuentra el recurso para hablar entusiasmadamente.

🖎 *Haz preguntas que quiten el mal humor:* En el enunciado anterior propuse preguntas que motivaran las emociones agradables. Con esto en mente, ocasionalmente encontrarás útil hacer una pregunta que intente quitar el mal humor del hablante o cambiar el curso de la conversación. Un ejemplo de esto sería: *"¿Ese no eres tu realmente, verdad?"*, cuando la persona se siente desanimada, frustrada, o disgustada. Probablemente hayas escuchado la frase: *"¿Ya casi va a comenzar la diversión, verdad?"*, para cambiar un poco el ambiente cuando las cosas no están saliendo muy bien.

Experimentando con estas formas de hacer preguntas como un medio de comunicación, puedes mejorar mucho tu nivel de interacción, porque logras mantener la conversación a flote en la vía en que los participantes quieren ir, para que sea una experiencia placentera para todos.

CONVIERTE EN TAREA PREGUNTAR CON PROPÓSITO

Comprométete a tener una conversación cara a cara por 15 minutos durante toda la semana entrante en donde tu único propósito sea ayudar a la persona a mantenerse a flote en su conversación. Ubica este ejercicio en tu lista de cosas importantes por hacer. Luego ve a la posición genuina de hacer sentir a tu interlocutor importante para ti. Antes de la conversación, relee las sugerencias hechas en este capítulo para que las mantengas frescas en tu mente.

Una vez que haya concluido tu conversación, toma un momento para reflexionar sobre el efecto que tuviste en esa experiencia por la clase de preguntas que hiciste. ¿Pareció que tu interlocutor estaba disfrutando el interés adicional que mostraste? ¿Estaba cómoda la persona contigo a medida que se fue alargando la conversación? ¿Observaste que aprender a hacer preguntas es algo en lo que debes trabajar más?

> *"El hombre sabio no da las respuestas,*
> *Formula las preguntas adecuadas"*
> —Claude Li-Strauss
> *Antropólogo social francés*

Sin importar como te fue en este singular encuentro, asegúrate que sales de él con la experiencia de lo que se siente al tratar de usar preguntas como una forma práctica de dirigir una conversación positivamente. Además, recuerda que el ejercicio de hacer buenas preguntas te convertirá naturalmente en ser un mejor oidor.

LO REALMENTE IMPORTANTE

Recuerda que para *"hablar como un triunfador"*, en un sentido más amplio, también debes *"preguntar como un triunfador"*. Todo lo que tienes que hacer es seguir esta simple y poderosa regla: *Formula preguntas que ayuden a incrementar el ritmo de la conversación*. Una vez que comprendas la importancia de esta parte tan esencial en el proceso de comunicarte efectivamente, solo es cuestión de saber manejar tus ideas poniendo esta regla en práctica con propósitos claros, y ensayando constantemente hasta que se te convierta en un hábito natural.

CAPÍTULO DIECISÉIS

EVALÚA
DESCUBRE EL MENSAJE IMPLÍCITO

"Generalmente, cuando la gente no entiende,
siempre está preparada para disgustarse.
lo incomprensible siempre es lo molesto".
—L.E. Landon
Autor de "Romance and Reality" (1831)

EVALUAR: 1. Decidir sobre el valor o significado de algo. 2. Averiguar, sopesar o juzgar un tema o asunto. 3. Como se aplica en este libro, es encontrar el significado o propósito de otra persona al comunicarse contigo.

¡Estás un paso más cerca de desatar al triunfador que hay en ti! *A veces el acceso que tienes al lenguaje corporal, a los tonos de voz y a las palabras, no te permiten entender totalmente lo que el hablante intenta o quiere decir. Otro de tus objetivos como experto comunicador es no sacar conclusiones y permitirle al hablante revelar el significado completo de su mensaje. De esa forma estarás listo para responder manteniendo la comunicación con los demás, aun en situaciones difíciles.*

En 1997, una película japonesa muy popular llamada "¿Shall We Dance?" ("¿Bailamos?"), se estrenó en los teatros americanos y eventualmente se convirtió en una de las películas extranjeras más famosas en la historia del cine americano. Se trata de un hombre japonés promedio que está buscando algo que lo ayude a salir de su rutina diaria. Lo que comienza como una aventura amorosa con una bailarina que vio por la ventana del tren en que el viajaba, se convierte en pasión por bailar y el nuevo descubrimiento, le hace cambiar su visión de ser un hombre promedio y también cambia su forma de relacionarse con los demás.

El éxito de esta película produjo que en el 2004 Hollywood quisiera producirla con la participación protagónica de Richard Gere y Jennifer Lopez. Esta nueva versión americana de "¿Shall We Dance?" fue menos acogida entre los críticos que la versión japonesa, pero aún así produjo $57 millones de dólares en los Estados Unidos.

El gran éxito de la versión japonesa ocurrió a pesar de conseguirse únicamente con los subtítulos en inglés. La esencia de la trama fue comunicada a través del lenguaje del cuerpo y los tonos de voz de los actores japoneses. Mientras los pequeños subtítulos le ayudaron a la gente a entender el entorno y desenvolvimiento de cada personaje, fue el lenguaje no-verbal de los actores lo que hizo de la película algo tan efectivo y agradable para el público.

Entender un mensaje, ya sea por medio de los subtítulos de una película extranjera o en tus propias conversaciones diarias, requiere que prestemos mucha atención a los detalles, y si es necesario, busquemos más profundamente la manera de comprender correctamente el contenido. De esta forma podemos capturar más precisamente lo esencial de la emoción, la intención y el significado de lo que se nos está comunicando.

¡NO TE APRESURES A SACAR CONCLUSIONES!

Si apresurarnos para "sacar conclusiones" fuera un evento olímpico, todos conoceríamos por lo menos a una persona que quisiera competir por la medalla de oro. Desafortunadamente esta no es una medalla que alguien se quiera ganar.

Todos hemos tenido conversaciones en las cuales hubo confusión o malos entendidos, que pueden llegar a ser muy molestos o divertidos, pero realmente están dañando la relación a futuro.

Por ejemplo, yo tengo una experiencia inolvidable durante unas vacaciones en las montañas de Ozark en el noreste de Arkansas en un pequeño hotel llamado Eureka Springs. Cuando yo compre una artesanía en el almacén de regalos, la cajera comento: " Bueno, ¡usted habla muy buen inglés!". En ese caso ella se apresuró a sacar conclusiones pensando que yo era un turista asiático en lugar de lo que soy, un ciudadano americano nacido aquí, con un ancestro japonés. Me reí durante el incidente porque entendí que ella solo quería ser amable conmigo.

Pero sin embargo, hay ocasiones en las cuales "sacar conclusiones" puede ser algo muy peligroso entre dos personas. Por ejemplo, tuve unos amigos con quienes hicimos una parrillada cerca a mi casa el verano pasado. Mientras yo estaba asando unos trozos de pollo en mi estufa de gas, una invitada me pregunto: "Bueno Steve, ¿cómo te pareció el arreglo de flores que te traje?"

Como yo estaba ocupado asando el pollo, no supe como contestar a esa pregunta por dos razones: 1. Como típico hombre, no puedo hacer varias cosas al tiempo...cocinar, pensar y hablar. 2. Las flores no eran exactamente un "arreglo" sino que estaban acomodadas en un florero. Siendo un florista profesional por 13 años, yo asocié la palabra "arreglo" con "una presentación muy estilizada y elaborada de flores". Como yo pensaba que las flores que ella me trajo eran hermosas, yo hubiera respondido con un "si" inmediato, pero en lugar de eso hice una mirada perdida y me quede callado sin dar respuesta positiva a su pregunta.

La mujer reaccionó con mal humor diciendo: "Bueno si tienes que pensar tanto, entonces no debiste quedar muy impactado". Ese no era el caso y me sentí mal porque ella tomó mi silencio de esa manera. Yo me disculpé y le expliqué lo que quise y no quise decir, pero este menor incidente se convirtió en algo mayor.

La lección aquí es evitar "apresurarte a sacar conclusiones" invirtiendo un tiempo extra si es necesario para encontrar las verdaderas razones por las que alguien se comporta con extrañeza. De esa manera te ahorras el sufrimiento innecesario que ocurre cuando reaccionas inapropiadamente debido a falsas creencias o insuficientes evidencias.

REGLA # 16: DESCUBRIR EL MENSAJE IMPLÍCITO

Una de las claves para ser un excelente comunicador es hacer una lectura muy precisa de las intenciones de los demás. Aceptemos que todos nosotros tenemos imperfecciones en la manera de comunicarnos y que habrá momentos en que serás responsable de enviar mensajes oscuros y fáciles de malinterpretar.

Para ayudarte a evaluar la forma en que otros se comunican contigo más precisamente, considera los siguientes puntos:

- *Mide tu nivel de estrés:* Cuando los seres humanos estamos en un estado emocional de estrés, ten en cuenta que pueden ser menos tolerantes, compresivos y pacientes contigo. Adicionalmente, la comunicación en este caso es más acelerada y forzada que en otros momentos. Una persona tensa puede reaccionar a tus comentarios con ira pronta, frustración y disgusto. Por lo tanto, antes de evaluar lo que la gente quiere decir, tienes que evaluar el grado de estrés en que lo están diciendo, para que no vayas a malinterpretar sus intenciones y te des cuenta que el nivel de tensión puede llegar a distorsionarse por su estado emocional.

- *Dar a la gente la posibilidad de descargar su tensión:* A veces las personas solo necesitan de alguien que las escuchen paciente y atentamente, que se tome el tiempo para escuchar lo que tienen que decir. No están buscando quien les soluciones sus situaciones ni tampoco otros puntos de vista. Lo que la gente bajo estas circunstancias está realmente necesitando, es alguien que les ayude a llevar la carga emocional de lo que están atravesando y una vez que se deshacen de esa tensión, vuelven a entrar en un marco emocional más favorable para hablar tranquilamente. Tu trabajo en esta clase de situación, es simplemente darle toda tu atención al hablante, como también proveer una retroalimentación no-verbal positiva y si fuera necesario, también verbal.

⤚ *Determina la forma en que otra gente percibe el nivel de importancia de algún asunto:* Lo que para ti puede ser un asunto menor, puede ser algo de mayor importancia para las personas con quienes hablas. Cuando tú estás tratando de comprender el significado de la comunicación para alguien, es importante saber qué tanta es la importancia de tema para esa persona. Cuando la importancia del tema es baja, hay mucho espacio para manejar dentro de la conversación pero cuando la importancia es mayor, un comunicador experto tratará el tema con enorme sentido de responsabilidad y seriedad.

⤚ *No tomes las cosas demasiado personalmente:* Cuando la gente se siente cómoda charlando contigo; lo positivo de esto es que ellos se expresaran con total libertad y tú te divertirás mucho más con ellos. Sin embargo, la parte negativa de la situación es que, inevitablemente escucharás ocasionalmente comentarios inofensivos no muy agradables sobre ti. Un buen comunicador debe estar preparado para tomar estas cosas sin reaccionar a la defensiva. De lo contrario, la gente va a comenzar a prevenirse de tu híper-sensibilidad en las próximas conversaciones, y éstas se pueden volver más capciosas y menos agradables.

⤚ *Pide claridad sobre el significado de alguna palabra o frase:* la gente puede llegar a tener distintas interpretaciones de una palabra o frase. Mejor que adelantarte a sacar conclusiones, es preguntar por el significado y clarificar lo que no entiendes. Por ejemplo, alguien me puede decir: *"Steve, tu estás lleno de consejos antiguos"* y puede resultar fácil para mí decir que mi información es totalmente actualizada, pero la persona pudo tener buenas intenciones cuando dijo *"antiguos",* queriendo decir que son consejos clásicos, sabios, que aplican a todos los tiempos. Lo que debo hacer es preguntar lo que ellos entienden por *"antiguos".* Eso es mucho mejor que reaccionar a la defensiva de lo que me dijeron sin asegurarme del significado para quien me lo dijo.

🐉 *Reconoce cuando los demás solo están siendo amables contigo:* Teniendo un ancestro japonés, tengo experiencia en lo que significa una conducta respetuosa. Crecí con una tendencia a ayudar a otras personas cuando están tratando de influenciarme y yo estoy inclinado a decirles "no", respondiendo de una manera que no los confronte, como por ejemplo: *"Eso sería difícil".* Y esta tendencia no solo proviene de nosotros, los que tenemos descendencia japonesa. Mucha gente sabe manejar la negación a un requerimiento diciendo *"no"* con las expresiones faciales pero *"si"* con las palabras. Este es otro ejemplo que yo se que uso a veces: tengo un amigo que se llama Joey y puede llegar a presionarme bastante en algunas ocasiones en las que le digo *"si"* y después lo ignoro. Esta conducta trae más resultados que decir *"no"* y después tener que entrar a convencerlo con mis razones de por qué no. En este caso mi *"si"* es una manera educada de no entrar en una discusión pero no es para que se interprete como entusiasmo, interés, o voluntad de mi parte.

🐉 *No entiendas la euforia como sinónimo de verdad:* Algunas personas que manejan altos niveles de persuasión, como los vendedores, los políticos, los abogados, los conferencistas motivacionales y los líderes religiosos, están entrenadas para hablar con emoción y pasión, pero debemos recordar que lo que ellos están diciendo con tanta euforia, no necesariamente implica una verdad para nosotros como individuos. No debemos pensar que ellos están en lo correcto porque hablan apasionadamente del tema. Un comunicador sabio, entiende cuándo separar la intensidad de la verdad porque son dos cosas distintas por evaluar.

Implementando estas ideas, estarás en el camino a evaluar más precisamente cuáles son las formas de comunicación que otras personas emplean y esto te ubicará en una posición más fuerte y sabia para que puedas responderles efectivamente.

¡RECUERDA OBSERVAR CUIDADOSAMENTE ANTES DE CONCLUIR!

Recuerda sobre alguna oportunidad en que cometiste un error obvio por apresurarte a sacar conclusiones. A lo mejor fue algo que un amigo, familiar, o compañero de trabajo dijo, que produjo una respuesta automática en ti y más tarde fue evidente que cometiste un error. ¿Causó esta respuesta sentimientos de malestar en la persona? ¿Se hubiera podido evitar si tú simplemente tomas más tiempo para esperar antes de concluir fuera de tiempo?

Bueno, vuelve ahora a las sugerencias de este capítulo y piensa en una o dos formas en que hubieras podido manejar la situación en forma distinta. Quizás puedas pensar en alguna situación con la que tengas que enfrentarte en un futuro cercano en la cual, actuar sabiamente para hacer una evaluación será muy importante para ti.

El punto aquí es que tengas mucho cuidado para recoger información antes de actuar con respecto a lo que otra gente diga o haga. Si puedes manejar esta fase en el proceso de comunicación, entonces podrás responder en formas que construirán, más que dañar, tus relaciones personales y profesionales.

LO REALMENTE IMPORTANTE

Recuerda que para *"evaluar como un triunfador"*, en un sentido más amplio, también debes *"escuchar como un triunfador"*. Todo lo que tienes que hacer es seguir esta simple y poderosa regla: ***Descubre el mensaje implícito***. Una vez que comprendas la importancia de esta parte tan esencial en el proceso de comunicarte efectivamente, solo es cuestión de saber manejar tus ideas poniendo esta regla en práctica con propósitos claros, y ensayando constantemente hasta que se te convierta en un hábito natural.

CAPÍTULO DIECISIETE

ALINÉATE
BUSCA EL CAMPO EN COMÚN

"Alguien dijo que se requiere menos esfuerzo mental en condenar que en pensar".
—Emma Goldman
Autora de "Anarquismo"
"El Anarquismo" (1910)

ALINEAR: 1. Aliarse con un lado del argumento o de la causa. 2. Crear los puntos en común para establecer una relación. 3. Como se aplica en este libro, es la habilidad de crear una conexión con otras personas compartiendo las áreas en común y eliminando las que no lo son.

¡Estás un paso más cerca de desatar al triunfador que hay en ti! Algunos han desarrollado el mal hábito de tratar de probar que sus argumentos son correctos aunque signifique estar en desacuerdo con todo el mundo. Mientras que esto provoca mayores razones para una discusión, también crea el efecto colateral de disgustar a las personas. Otro de tus objetivos como experto en comunicación, es crear una conexión sólida con la gente desde el comienzo de la conversación. Una vez que has logrado esto, puedes exponer tu posición opuesta o tus áreas de conflicto sin arriesgar o hacer daño a la relación.

"Señor Nakamoto, su cuenta por cambiar y balancear las llantas de su carro es de $779,40 dólares". Esto fue lo que el manager de un almacén de llantas en mi ciudad me dijo después que cambio las llantas de mi Ford Explorer del 2003. También me dijo que si yo le hubiera hecho una alineación a las llantas, habría podido manejar muchas más millas con las llantas que le acababa de quitar y me hubiera ahorrado mucho dinero.

Para aquellos de ustedes que no son muy conocedores del mantenimiento de un carro, el alineamiento de unas llantas es un trabajo de reparación que normalmente cuesta alrededor de $70 dólares. En su forma más simple, un alineamiento es el ajuste de los ángulos de las ruedas para que el vehículo funcione derecho y estable. El propósito es maximizar la vida de las llantas del carro para prevenir un desgaste y rompimiento desigual en las llantas. Como con mi Explorer, el alineamiento inadecuado resulta en gastos innecesarios para el dueño, como en este caso que me costó ¡algo más de $700 dólares!

En forma parecida, los comunicadores hábiles deben ajustar sus pensamientos en beneficio de mantener sus conversaciones alineadas. De esta forma, el desgaste emocional causado por conflictos, opiniones, diferentes puntos de vista e ideas, se puede reducir para prevenir daños costosos en las relaciones importantes, ya sean de orden profesional o personal.

LOS CUATRO PATRONES DE ALINEAMIENTO

Existen cuatro categorías cuando se trata de alinearse a las conversaciones con los demás. Una se llama *"Igualdad total"* y ocurre cuando dos personas están de acuerdo en todo. Otra categoría es la opuesta a *"igualdad total"* y ocurre cuando las personas están en oposición total, a lo que se le llama *"Solo diferencias"*. La diferencia entre las dos ocurre cuando en *"igualdad total"* se presentan interacciones pero con discusiones muy mínimas, mientras que en *"solo diferencias"*, cada vez que hay interacciones solo se presentan discusiones.

Los dos grupos que siguen, son una combinación de los grupos anteriores y se llaman *"igualdad con excepciones"* y *"diferencias con excepciones"*. Estas son las diferencias entre los dos: *"igualdad con excepciones"* ocurre cuando las personas encuentran muchas cosas en común y pocas diferencias a lo largo de la conversación. *"Diferencias con excepciones"* ocurre cuando las personas están en desacuerdo con la gran parte del tema pero a lo largo de la conversación encuentras algunas pocas cosas en común.

Si eres consciente de la forma en que te relacionas con otros, y particularmente, escogiendo la estrategia que crees que va a funcionar en cada caso, te ayudarás a conectar bien con cada persona. En este proceso, alinearse es un camino que muestra cuánto revelas de ti mismo, dependiendo de con quién te alias. Debes recordar que utilizar la estrategia de "diferencias" opuesto a la estrategia de "semejanzas", tendrá un efecto de fricción que de conexión.

CUANDO LA DIFERENCIA ME ROTULA
COMO UN JUGADOR DÉBIL

Años atrás serví como entrenador en un seminario de nueve días para Tonny Robbins en un programa de maestría en Cancún, Méjico. Para motivar a los entrenadores a liderar el seminario, la organización de Robbins nos preparó un curso de buceo de dos horas y como yo era el único buzo certificado, muchos de los entrenadores del grupo me buscaron para que yo los liderara.

Después de 45 minutos de lecciones en una piscina, los instructores de buceo nos subieron en un bote para la verdadera experiencia a mar abierto. Bajo unas condiciones de tiempo no muy buenas, nos tiramos al agua en grupos de 8 a una profundidad de más de

50 pies. Con el mar picado, la visibilidad no muy buena, y la decisión de explorar en las cavernas bajo el agua, este se convirtió en un ejercicio especialmente peligroso para los buzos novatos. Yo hice mi buceo en un estado de constante ansiedad sabiendo que si alguien se atemoriza a 50 pies bajo el agua, podemos estar afrontando una crisis mayor. Afortunadamente para nuestro grupo, nada paso.

Inmediatamente después de esta aventura, los líderes de nuestro grupo convocaron a todos los entrenadores para una reunión, para discutir cómo cada uno de nosotros nos sobrepusimos a nuestros temores y retos. Después de doce testimonios muy radiantes, yo no soporté algo que me parecía sin sentido y me puse de pie para expresar mis fuertes opiniones contrarias. Para desconcierto de muchos, yo dije lo siguiente:

> *"Detesto dañarles la fiesta, pero no deberíamos estar celebrando tanto. He sido un buzo certificado durante los últimos 15 años y lo que hicimos bajo esas condiciones debió hacerse solo por personal certificado. Primero que todo, uno nunca va en su primera vez de buceo a más de 30 pies de profundidad, porque puede matarse si sube con mucha velocidad y adquirir algo llamado 'aeroembolismo'. Y en segundo lugar, nunca se debe bucear en cuevas bajo el agua en donde la gente puede quedar atrapada o desorientada. Algunos habían podido entrar en pánico y morir fácilmente allá afuera. Lo que hicimos hoy fue peligroso y sin sabiduría. Tengo que ser franco con ustedes. Este incidente me hace pensar sobre los retos locos que proponemos en este entrenamiento".*

Después de mi participación, Michael el jefe entrenador para el evento, me llamó rápidamente y me reprendió por lo que dije. Me manifestó que estaba totalmente fuera de línea por dar mi opinión en público y que no estaba contribuyendo con las intenciones de la organización. Me dijo que si continuaba comportándome de esa manera iba a tener que ser removido de mi cargo de entrenador y ser enviado a casa a mis expensas.

Hasta hoy sigo pensando que lo que dije fue preciso, aunque pude haber tenido más tacto en la forma de decirlo y quedé como alguien que quería sobresalir por expresar mis diferencias. Lo que debí hacer fue, por lo menos estar de acuerdo con la intención del ejercicio de buceo y su efecto positivo en los otros entrenadores. Pude haber restringido mi oposición al ejercicio de buceo y dirigir mi oposición a la responsabilidad del manejo que hicieron los buzos mejicanos y no hacia la integridad de la organización. (Nota: La organización de Anthony Robbins ya no conduce seminarios en Méjico).

Esta experiencia de buceo termino básicamente con mis días como entrenador en la organización de Anthony Robbins, pero aprendí una incalculable lección sobre cómo comunicar sentimientos fuertes de oposición preservando la calidad de las relaciones.

REGLA # 17: BUSCA EL CAMPO EN COMÚN

Mantener conexiones resistentes con las personas es esencial para mejorar tus relaciones personales y de trabajo. Las siguientes ideas te ayudarán a alinearte con otras personas cuando enfrentes aspectos en los cuales no estés de acuerdo:

- ✧ *Busca aquello en lo que SI estás de acuerdo:* La manera más fácil de alinearte con otra persona en buscando los puntos de acuerdo. Sin embargo, puede haber muchas ocasiones en que encuentres muchas cosas en común pero estés en desacuerdo con otras. Una buena forma de resolver esto es buscando primeramente los acuerdos, dejando las áreas de conflicto para una próxima ocasión o para después que hayas establecido una base solida de conexión.

- ✧ *Apunta hacia lo que te agrada o divierte:* Cuando estés interactuando con alguien, demuestra lo mucho que te gusta y disfrutas de su compañía o de su punto de vista. Una de las necesidades básicas de los seres humanos es ser aceptado o apreciado por otros. Puedes mostrar tu aprecio sonriendo, riendo, o demostrando que estás pasando un buen rato en su compañía o con lo que está diciendo. Luego, puedes hacer un comentario como: *"Realmente disfruté la conversación que tuvimos"* o *"Me hiciste reír con esas historias tan divertidas que tienes".*

- ✧ *Enuncia lo que admiras en la otra persona:* A medida que escuchas a alguien, observa las cualidades que esta persona proyecta naturalmente de sí misma. Puede que te hagas consciente de su honestidad, sensibilidad, inteligencia, arrojo, determinación, ternura, generosidad, o amabilidad, como para nombrar algunas. Una vez que hayas encontrado la cualidad que realmente te atrapa de esa persona, aprovecha mientras la oportunidad está ahí y expresa tu enunciado: *"Realmente admiro el coraje que demuestras"*, *"Ciertamente eres un individuo muy decidido"*.

🐚 ***Encuentra algo en lo que estés de acuerdo:*** Puede que no estés de acuerdo con tu interlocutor, pero puedes respetar su punto de vista. Más que todo, este es un acto de cordialidad que de aprobación de tu parte. Un buen ejemplo de lo que podrías decir es:*"Respeto tu punto de vista porque tiene perfecto sentido para ti".* Para muchos, una muestra de respeto es tan valiosa como un desacuerdo con respecto a su posición.

🐚 ***Expresa tu comprensión hacia como se siente tu interlocutor:*** *"Sé cómo te sientes"* es una expresión que la gente expresa con frecuencia para mostrar empatía hacia alguien. A veces un individuo solo quiere alguien que lo escuche porque puede ventilar y expresar su sentimiento. Cuando la gente se siente verdaderamente entendida, se crea un lazo fuerte de conexión, más aún cuando el sentimiento que se comparte es especialmente doloroso y sobrecarga.

🐚 ***Conéctate a un nivel más alto:*** Si ves que estás en desacuerdo con alguien por un asunto menor, trata de encontrar el punto más importante por el cual están conversando. Por ejemplo, puede que alguien diga: *"Los hombres son mentirosos"*, y tu puedes estar de acuerdo diciendo: *"Si, alguna gente es mentirosa"*. Y puedes alinearte con este pensamiento diciendo algo como: *"No se puede construir una relación fuerte cuando no se puede confiar"*.

🐚 ***Reduce el uso de la palabra "pero":*** Esta palabra se usa para negar lo que se acaba de hablar. Por ejemplo, tú puedes decir: *"Me gustan tus ideas "pero" son un poco sobrecargadas.* En este ejemplo, lo que queda en la mente de la persona es "sobrecargadas". Si insistes en dar una opinión conflictiva, trata de usar la palabra *"y"* en lugar de *"pero"*. Trata de decir: *"Me gustan tus ideas "y" son un poco rebuscadas"*. Diciéndolo de esta forma, eliminas la carga negativa que puede surgir de la palabra *"pero"*.

Aunque es imposible estar completamente de acuerdo con otra persona, hay otras formas de hacer sentir a la gente tu respeto. Aprendiendo a alinearte con otros, estás construyendo puentes de comunicación. Esto permitirá que tu relación crezca aunque no haya un acuerdo en todo.

¡DECIDE ESTAR MÁS DE ACUERDO AHORA!

Durante la próxima semana decide tener conversaciones con la intención de observar cómo la gente se alinea en circunstancias conflictivas. ¿Observas cómo el acuerdo y la alineación tienden a aumentar el flujo de la discusión, mientras que el desacuerdo tiende a parar o a cambiar el curso de la conversación?

Para ejercitarte, procura comenzar tu participación en la conversación con frases como: *"Estoy de acuerdo", "Me gusta", "Admiro", "Respeto" o "Entiendo".* Observa cómo otros reaccionan a este tipo de palabras. ¿Alinearte es la mayoría de las veces una acción positiva? ¿Parece agradarse la gente cuando tú te alineas con ellos?

Adicionalmente, observa cómo otra gente al igual que tu emplea la palabra *"pero"* en sus conversaciones y observa las respuestas positivas que obtienes de los demás.

Lo importante de aprender en estos ejercicios de alineación es ensanchar tus habilidades de comunicación, porque te ayudará a dirigir tus conversaciones hacia donde quieres llevarlas. Si no tienes cuidado, un marcado hábito de conflicto con los demás, puede ser la causa primordial de tus fracasos y problemas en tus relaciones interpersonales.

LO REALMENTE IMPORTANTE

Recuerda que para *"hablar como un triunfador",* en un sentido más amplio, también debes *"alinear como un triunfador".* Todo lo que tienes que hacer es seguir esta simple y poderosa regla: ***Buscar el campo en común.*** Una vez que comprendas la importancia de esta parte tan esencial en el proceso de comunicarte efectivamente, solo es cuestión de saber manejar tus ideas poniendo esta regla en práctica con propósitos claros, y ensayando constantemente hasta que se te convierta en un hábito natural.

CAPÍTULO DIECIOCHO

RESPONDE

ESCOGE LA CONTESTACIÓN ADECUADA

"La caridad y la habilidad de no condenar, verdadera virtud, son frecuentemente el resultado de una experiencia consciente que puede ver lo que yace detrás de lo que se ve".
—Ivy-Comptom Burnett
Escritora inglesa (1884 - 1969)

RESPONDER: 1. Dar una respuesta o una contestación. 2. Actuar en retorno o reaccionar a lo que otra persona dice o hace. 3. Como se aplica en este libro, es dar una contestación apropiada, positiva, favorable, a cualquier cosa que alguien desee comunicarte.

¡Estás un paso más cerca de desatar al triunfador que hay en ti! Tomar tiempo para tener en cuenta tus pensamientos antes de responder, frecuentemente es una acción sabia en tus conversaciones. Esto te da la opción entre contestar sabiamente o simplemente reaccionar hacia lo que otros te dicen. De esta manera, haces tu parte en lo que corresponde a mantener la conexión con otros aún cuando la situación se haga difícil.

El Tour Mundial de Póker es una serie en vivo de torneos de póker en la cual participan jugadores tanto aficionados como profesionales de este juego. Este torneo comenzó a transmitirse en televisión por cable hacia el 2002 y ha influido en su popularidad en casinos, salones de juego, y en redes de juegos por internet alrededor del mundo.

Este juego es ampliamente conocido, no solamente por el uso de unas habilidades específicas sino también por saber aprovechar las oportunidades. Entonces es sorprendente que los jugadores profesionales consistentemente encuentran su camino a las finales del campeonato mundial. Esto es porque un verdadero juego de póker requiere la sutil habilidad de saber leer las acciones del otro jugador en forma precisa y responder inteligentemente. La habilidad para dar esa respuesta en el juego puede ser: para esconder una mano de cartas pobre, apostar para mostrar fortaleza, o blofear para confundir al oponente.

Ya sea jugando una mano de póker, o enganchándote en una conversación, es esencial evaluar los aportes de la otra persona y responder sabiamente para conseguir tu objetivo. En el caso de las conversaciones diarias durante el "Torneo Mundial de la Conversación", ese propósito puede ser el de tener una charla placentera para todos los participantes.

¿RESPONDERÁS O REACCIONARÁS?

En una emergencia, debemos reaccionar rápida y decididamente. Este es un ejemplo: Digamos que tú eres un pasajero en el carro de tu amigo viajando a 75 millas por hora y después de una curva en el camino, repentinamente ves un objeto grande viniendo rápido por la carretera y tu inmediatamente reaccionas gritando: *"Cuidado, hay un objeto grande en nuestro carril por la carretera"*. Después, cuando pasaron cerca al objeto (que resulto ser el colchón de alguien), puedes querer decirle a tu amigo: *"Perdóname si te desubiqué, era simplemente reaccionando al peligro. ¡Muy buena maniobra! Me alegra que pudimos esquivar el objeto".*

En una situación completamente distinta, te encuentras en un restaurante con el mesero trayéndote un buen churrasco y tú lo ordenaste bien cocinado, pero descubres que escasamente está crudo. Puedes reaccionar en un comienzo diciendo: *"¡Estúpido mesero! Yo lo ordené bien cocinado y esta cosa está cruda".* O puedes escoger reaccionar de una manera más apropiada diciendo calmadamente: *"Disculpe, creo que hubo una pequeña confusión en mi orden"* y después de una pausa puedes agregar: *"Yo quería mi churrasco bien cocinado y este salió muy crudo para mi gusto. Le importaría si le dice al chef que lo cocine un poco más. Sería excelente, gracias!"*

Estos escenarios son para sustentar el siguiente punto básico: cuando las consecuencias son pequeñas es mejor mostrar una actitud más relajada frente a lo que la gente hace o dice. Tú puedes guardar tus reacciones más intensas para situaciones de emergencia donde los riesgos son altos y hay mucho que perder.

REGLA # 18: ESCOGE UNA RESPUESTA APROPIADA

El hábito sabio de responder adecuadamente en lugar de actuar impulsivamente, te ayudará a mantener y establecer buenas relaciones interpersonales. Aquí hay unas pautas sobre cómo manejar estas críticas situaciones:

    🔊 *Pausa antes de contestar:* Para por un momento para darte a ti mismo la oportunidad de poner juntos todos tus pensamientos y sopesar tus emociones antes de responder a los comentarios y las acciones de otros. Hacer una pausa es además reconocido como un gesto de clase, muestra respeto por lo que la otra persona tiene para decir y la hace sentir importante en ese momento. Esto es mucho mejor que saltar en una conversación antes que la otra persona haya terminado de hablar porque tú prefieres hablar a escuchar.

§ *Deja que otra gente tenga la razón la mayoría de las veces:* Dicho de otra forma es, parar de estar diciéndole a la gente que están equivocados. Cuando cuestionas, automáticamente la gente se pone a la defensiva. Lo cierto es que a las personas les molesta que las corrijan o que les digan que están equivocadas. Lo que realmente les agrada es ser amadas, respetadas, entendidas y escuchadas incondicionalmente. Ahora, siempre va a haber opiniones opuestas a las tuyas, pero a menos que sea el lugar y el momento adecuado para un debate, es mejor dejar pasar las cosas por un momento. Adopta el hábito de dejar que la gente sienta la mayoría de las veces que está en lo correcto y harás bastante para mejorar tus relaciones interpersonales.

§ *Admite cuándo estás equivocado:* A veces es difícil dejar de lado el orgullo y admitir que no has estado en lo correcto sobre algo. Yo sé esto muy bien. En el pasado yo era renuente a aceptar mis errores y mis amigos hasta me dieron el apodo de *"don sabelotodo"* y aprendí que un poco de humildad nos hace más cercanos a los demás. Si además presentas disculpas por tu error, convertirás uno de tus mayores errores de comunicación en una demostración honesta de sinceridad, la cual la gente siempre recibe bien.

§ *Refuerza a la otra persona con un elogio:* Hacer el regalo de un cálido y sincero cumplido a la persona con quien estás hablando, naturalmente elevará su nivel de autoestima. Esto es particularmente cierto si eres específico y puedes respaldarlo con alguna evidencia. Un ejemplo de esto sería: *"Tienes un buen sentido del gusto. Los colores que estás usando te quedan muy bien con tus lindos ojos azules".* A veces la gente rechazará tus cumplidos, pero en ese caso se trata más de ellos que de ti. Tu trabajo es que lo que digas salga espontáneamente de tu corazón. El valor agregado para ti es que si te habitúas a hacer cumplidos, estarás más atento a las cualidades de los demás. (Hay más información sobre cumplidos en el capitulo catorce).

*"El verdadero secreto de dar un consejo es
Que después que lo has dado honestamente,
Seas totalmente indiferente sobre si fue tomado o no,
Y nunca insistir en arreglar a la gente"*
—Hannah Whitall Smith
Religioso escritor americano (1832-1911)

🖎 **Ten en cuenta lo que te dicen:** Cuando alguien te da mucha información, tiene sentido invertir un momento para hacer un inventario de todo lo que te ha dicho, porque este proceso le permite al hablante clarificar algunas ideas y corregir inexactitudes en tus interpretaciones. El efecto benéfico para ti es, que la otra persona se da cuenta que valoras lo que te está diciendo.

🖎 **No mates el entusiasmo con consejos que no te han pedido:** Todos tenemos instancias en las cuales estamos escuchando a alguien hablar sobre sus retos y nuestra inmediata reacción es ofrecer nuestra propia perspectiva. Muchas veces, la gente va a hacer una interpretación distinta de la razón por la cual tú estás haciendo eso; de pronto pueden pensar que estás lanzando un juicio o que te sientes superior a ellos; de pronto es una situación en la que el hablante sencillamente quiere expresar sus emociones a un buen oyente. Una buena táctica sobre dar consejos es esperar hasta que sea evidente que la otra persona quiere un consejo, o tu puedes ayudar con algo como: *"Puede que este no sea un asunto mío, pero tengo una observación desde mi punto de vista que de pronto te interese".* De cualquier forma, esta es una táctica más elegante que estar diciéndole a la gente lo que está mal con ellos o lo que deberían hacer.

🖎 **A veces es mejor no decir nada:** La mejor respuesta puede ser no responder nada. Esto es especialmente cierto en asuntos delicados, porque decir lo inadecuado puede ser más costoso que quedarte callado. Recientemente observé cómo el silencio puede ayudar mucho en cuestiones familiares. Un día mi hermano me recriminó por algo que le hice hace 20 años y en lugar de comenzar a decirle lo equivocado que él estaba, y sacar excusas como decir que no fue mi intención, simplemente me quedé callado y dejé que el momento pasara. No agregando más combustible al incendio, fui capaz de evitar una batalla innecesaria para dejar atrás una situación muy sensible.

Cuando eliges responder en lugar de reaccionar, te permites a ti mismo la mejor oportunidad para alcanzar una comunicación exitosamente. Todo lo que necesitas es consciencia y disciplina para retener tu reacción inicial hasta que tomas el tiempo para evaluar la situación. Lo que necesitas determinar son dos cosas: lo que la persona quiere decir exactamente y tu respuesta más apropiada a dicha situación.

¡PONER TU CONOCIMIENTO EN PRÁCTICA YA MISMO!

En una de tus próximas conversaciones, practica conscientemente la táctica de hacer una pausa antes de contestar. Toma ese momento para resumir mentalmente todo lo que tu interlocutor te ha dicho y después haz un comentario apropiado en esa situación en particular. Luego pregúntate a ti mismo si esa estrategia fue mejor que simplemente reaccionar impulsivamente.

Ahora, selecciona otra idea de las sugerencias de este capítulo que puedas aplicar en otra conversación procurando que esa selección sea más difícil de aplicar o que no hayas utilizado en el pasado. Luego que hayas podido utilizarla, evalúa los resultados haciéndote las siguientes preguntas: 1. ¿Esta forma de responder puede ser de valor en mi vida ahora y en el futuro? 2. ¿Es algo en lo que puedo ser más efectivo si lo practico consistentemente? 3. ¿Valdría la pena si practico la forma de dar mejores respuestas para obtener mejores relaciones interpersonales?

> *"Si eres paciente en un momento de rabia,*
> *Escaparás a cien días de lamentos".*
> — Proverbio chino

El punto aquí es que amplíes tu aprendizaje con una variedad de formas para responder en una interacción. En los momentos difíciles o tensos, es señal de madurez cuando puedes mantener tu posición y responder de formas adecuadas. Es tu responsabilidad permanecer flexible y recursivo para que funciones bien cuando sorpresivamente vengan tiempos difíciles que puedan afectar tus relaciones interpersonales.

LO REALMENTE IMPORTANTE

Recuerda que para *"hablar como un triunfador"*, en un sentido más amplio, también debes *"responder como un triunfador".* Todo lo que tienes que hacer es seguir esta simple y poderosa regla: *Escoge la contestación adecuada en tu comunicación con otras personas.* Una vez que comprendas la importancia de esta parte tan esencial en el proceso de comunicarte efectivamente, solo es cuestión de saber manejar tus ideas poniendo esta regla en práctica con propósitos claros, y ensayando constantemente hasta que se te convierta en un hábito natural. Si te sientes desanimado, recuerda que la posibilidad para triunfar en esto, está dentro de ti. Solo relájate y deja que ocurra.

CAPÍTULO DIECINUEVE

CIERRA

FINALIZA CON UN MENSAJE MEMORABLE Y EFECTIVO

"Era típico en él que le faltara gusto para hacer un cierre final. Gastaba demasiado tiempo en sus despedidas, conversando en la puerta, quedándose en el frio".
—Anne Tyler
Autora de "Dinner At The Homesick Restaurant"
"Reunión en el restaurante Nostalgia" (1982)

CERRAR: 1. Llegar a una conclusión o al final de un objetivo específico. 2. Llegar a un final, encontrar una salida o completar una labor. 3. Como se aplica en este libro, es terminar una conversación de manera tan favorable que deje una buena impresión en todos los participantes.

¡Estás otro paso más cerca de desatar al triunfador que hay en ti! A veces no es la primera impresión sino la ultima, la que la gente recuerda más de ti. Como experto en comunicación, otro de tus objetivos es finalizar tus conversaciones positivamente. Haciendo esto, contribuirás a dejar una impresión favorable y duradera acerca de ti y de tu conversación.

Sugar Ray Leonard fue uno de los más famosos boxeadores del mundo durante los 70's y principios de los 80's. Ganador olímpico de la medalla de oro en la categoría de principiante, "Sugar" ganó títulos de campeonatos en distintos pesos como profesional contra celebres oponentes como Thomas "hitman" Hearns y Roberto "Hand of Stone" (Mano de piedra) Duran. La lesión en un ojo ocurrida en una pelea por el título contra Bruce Finch, produjo que Leonard anunciara su temprano retiro del boxeo en noviembre de 1982.

Posteriormente, en mayo de 1986 Leonard sorprendió al mundo cuando acepto pelear contra el aparentemente invencible campeón del peso mediano, "Marvelous" Marvin Hagler, luego de tres años y medio de haberse retirado del boxeo. La pelea ocurrida en abril de 1987, se dio en el Caesars Palace en la ciudad de Las Vegas, fue ganada por Leonard en una controversial decisión. Muchos años después, Leonard reveló la critica estrategia que él utilizó y cree que fue la que predominó para que los jueces se inclinaran ligeramente hacia su favor.

La estrategia secreta era que Leonard terminara cada asalto siendo muy fuerte para llevar a la multitud a la histeria y así dejar una última impresión positiva en los jurados de la pelea. El cumplió esto instruyendo a sus entrenadores en la esquina que gritaran "30 segundos", cada vez que faltara medio minuto para que se acabara cada round. Leonard respondió a esos momentos específicos con una ráfaga de golpes de conejo (rápido pero suave e inofensivo) contra Hagler y Sugar sostenía este esfuerzo en los últimos 30 segundos de ese round de tres minutos. Inclusive fue más allá tirando golpes ilegalmente después que sonaba la campana, empleando esta táctica en los últimos cinco asaltos de la pelea en su afán de terminar con fuerza. Esta estrategia fue tan correcta que los jueces le otorgaron el triunfo después de una controversia muy cerrada, a pesar del desacuerdo de la mayoría los sorprendidos profesionales del boxeo.

Ya seas un boxeador profesional o una persona que quiere mejorar sus relaciones interpersonales, es importante cerrar las conversaciones con una nota agradable, para que puedas dejar una impresión positiva en aquellos que estén juzgándote consciente o inconscientemente. Cuando estás relacionándote con otras personas, no es solo cómo empiezas la conversación sino cómo la culminas, lo que cuenta. Eso ocurre porque es natural que la gente se acuerde más de sus últimas impresiones, que de las primeras.

PIDIENDO UN PLATO CRUDO EN LA BARRA DEL SUSHI

El otoño pasado una amiga y yo estuvimos en los condados de Napa y Sonoma en el norte de California para la cosecha anual del vino. Luego de visitar algunos viñedos, una misión española antigua, un bosque de madera roja y unos pintorescos pequeños viñedos, paramos para un cena en una famosa barra japonesa de sushi en el valle de Napa.

Nos sentamos en la barra junto a una señora que estaba visitando desde Mendocino, una ciudad costera encantadora ubicada a unas 100 millas del restaurante (Mendocino se hizo famosa por la serie de televisión *"Murder She Wrote"*). La mujer en el bar estaba en Napa porque quería comprar uvas para el negocio de hacer vino que ella tenía en su área. Después de 10 minutos interesantes de iniciar la conversación, la mujer nos dijo que si alguna vez estábamos en el área, pasáramos a visitar su negocio.

Después de charlar con nosotros por otros 20 minutos, la mujer terminó su cena, pagó su cuenta y se paró para irse, diciéndole un entusiasta adiós a todos los cocineros de la barra y luego se fue del restaurante. Yo le sonreía a medida que ella se iba esperando la oportunidad para decirle: *"Fue muy bueno conocerte y buscaré la oportunidad para visitarte",* pero esa oportunidad nunca llegó porque ella nunca se detuvo para despedirse de nosotros o reafirmar la invitación. Ella me dio la tarjeta de su negocio al comienzo de nuestra conversación, pero más tarde yo decidí botarla y no tengo la menor intención de ir a visitarla a su viñedo. A pesar de un buen comienzo, una cosa resalta más en mi mente: esta mujer se fue de la barra de sushi sin haber tenido la cortesía de despedirse de nosotros.

REGLA # 19: CIERRA CON UNA NOTA MEMORABLE Y POSITIVA

Como cuando se termina una cena especial con un postre muy delicioso, es igualmente importante cerrar una conversación de una forma placentera. Las siguientes sugerencias te ayudaran a desarrollar este significativo hábito:

- *Impresiona a otros dejándote impresión tú primero:* La gente pierde mucho tiempo tratando de lograr una primera buena impresión. En lugar de eso, deberían dejar que ocurriera naturalmente enfocándose primero en lo que hay de positivo en las otras personas. Recuerda que en el comienzo de una interacción, es típico de la naturaleza humana estar más interesado en tus propias necesidades y cuando le das a otros el sentimiento de ser importantes, les causará un efecto de reciprocidad.

- *Recuerda tu parte favorita de la conversación:* Al final de la reunión es bueno recordar lo que te gustó, lo que disfrutaste, o lo que apreciaste durante el encuentro. Enfócate más en lo que la otra persona dijo o hizo que en tus aportes. Esta es una forma sutil de alagar y como tal, es más efectiva cuando se hace específica y personal. Si resaltas una o dos cosas que te llamaron la atención de tu interlocutor, te ayudará a producir una última buena impresión.

- *Comparte tus sorpresas agradables:* Otra forma de llevar la conversación a su fin es seleccionando algo que te impactó positivamente. Por ejemplo, mi primo Greg, a quien no he visto en muchos años, me dijo: *"Siempre me acuerdo de ti siendo un muchachito muy molesto y ahora estoy muy sorprendido del gran tipo en que te convertiste"*. Cuando tus comentarios son centrados específicamente en la persona, tendrán un efecto más poderoso que si solo dices: *"Fue bueno conocerte".*

🖎 *Recuerda hacer un cierre especial:* Siempre que sea posible, trata de encontrar un cierre refinado de la conversación que estés sosteniendo. Es como si vas a una fiesta y sientes deseos de salirte temprano. Puedes hacerlo por la puerta de atrás y esperar o puedes salir por la puerta grande, agradeciendo al anfitrión y decirle a los otros invitados que te agradó mucho verlos, posteriormente dirigirte a la salida, decir adiós a todos y salir elegantemente. Lo que yo hago para tener una salida distinguida de una conversación es decir algo como: *"Detesto tener que finalizar esta conversación porque ha sido muy placentera, pero me esperan otras cosas por hacer, ha sido muy bueno hablar con ustedes y espero que nos volvamos a ver".* Luego sonrió, los miro a los ojos y estrecho sus manos; además siempre recuerdo alejarme con entusiasmo hasta que estoy fuera del alcance de su vista.

🖎 *Trata de dejarlos riendo:* Si puedes desarrollar e implementar esta habilidad, estarás a la delantera de otros cuando se trate de cerrar una conversación de manera exitosa. Lo importante de abandonar la conversación tras de unas risas compartidas es que el sentimiento de agrado se queda con las personas. Hay un consejo sabio: *"Dejar siempre a la gente feliz"* porque siempre funciona, especialmente cuando la conversación ha sido informal.

🖎 *Expresa tu anhelo por una siguiente ocasión:* Ya sea que finalices una conversación telefónica o un almuerzo con un amigo, recuerda comentar: *"Estuvo divertido (o fantástico) y tenemos que volver a vernos".* No es suficiente con decir: *"Tenemos que volver a vernos"*, sino que debes dejarle saber a la persona que realmente deseas que haya una próxima oportunidad y que tus palabras no son simplemente un acto de cortesía. Tu objetivo es convencer a la persona que realmente esperas un próximo encuentro.

🖎 *Termina por dejarlos ir:* Tengo un amigo a quien, ocasionalmente le llamaré Jack; a veces nos encontramos para hablar y tomar una cerveza; él siempre tiene una forma horrible de despedirse de mí. Jack generalmente continúa la conversación mientras me acompaña hasta mi carro, me deja subir, prender el motor, pero lo extraño es que continúa hablándome de otros temas nuevos como si todavía estuviéramos tomando la

cerveza; después de tres o cuatro minutos angustiosos finalmente tengo que apagar el carro o interrumpirlo para rogarle
que me deje ir. Jack me dijo que le parezco rudo y poco amigable. Tristemente, para evitar esta situación tan incómoda
y mantener la relación, abruptamente me excuso de la conversación y abandono el lugar, le doy un adiós sincero pero
rápido y me alejo de él muy de prisa sin mirar atrás.

Si decides utilizar cada una de estas sugerencias, estarías practicando la forma de mejorar la mejor manera de finalizar tus conversaciones. Así como las primeras impresiones son importantes,
también es bueno reconocer que las ultimas impresiones también
tiene un efecto igual o mayor en muchas situaciones.

*"Es el constante y sin fin numero de ocupaciones,
la forma tan veloz en la que estamos viviendo, la
cantidad de cosas diarias y el aumento vertiginoso
de ocupaciones imposibles de realizar, lo que nos ha
causado, entre otras buenas cosas, el disfrute de los
amigos. La amistad requiere de tiempo, y no tenemos
tiempo para invertirle al amigo".*
—Agnes Repplier
Escritora americana y crítica social (1855-1950)

¡DECIDE HACER UN CIERRE QUE IMPACTE SIEMPRE!

¿Puedes recordar una ocasión en la cual haya habido un cierre amar-
go? Si reflexionas, ¿recuerdas haber experimentado un sentimiento
de incomodidad después de esa conversación? Como mencioné en
la Introducción, tengo experiencia como *"El señor respuestas"* trabajando para ese grupo de mujeres que yo aconsejaba para *iVillage.
com.* A veces las mujeres me preguntan por qué algunos hombres
les piden el número telefónico y nunca las llaman. Yo les contesto
que es posible que algo haya ocurrido desde el momento en que el
número de teléfono fue dado y el final de la conversación. En otras
palabras, si el cierre no ha impactado, particularmente en una cita
amorosa, puede llevar a una ambivalencia a cualquiera de los dos
interesados.

El punto aquí es que mires los ejemplos negativos y positivos en
tu pasado en los cuales, de la forma en que finalizaste tus conversa-

ciones influenció fuertemente el futuro de tus relaciones. Entonces es cuestión de decidir finalizar tus conversaciones con un cierre impactante, usando una nota positiva en cada ocasión.

LO REALMENTE IMPORTANTE

Recuerda que para *"hablar como un triunfador"*, en un sentido más amplio, también debes *"cerrar como un triunfador"*. Todo lo que tienes que hacer es seguir esta simple y poderosa regla: *Cierra tus conversaciones con una nota positiva que impacte.* Una vez que comprendas la importancia de esta parte tan esencial en el proceso de comunicarte efectivamente, solo es cuestión de saber manejar tus ideas poniendo esta regla en práctica con propósitos claros, y ensayando constantemente hasta que se te convierta en un hábito natural.

CAPÍTULO VEINTE

MEDITA
ENCUENTRA EL VALOR
DE TODA CONVERSACIÓN

---

*"Existen muchas verdades en las cuales
el significado total no se comprende, sino hasta
cuando la experiencia personal lo trae a casa".*
—John Stuart Mill
Filosofo inglés (1803- 1873)

MEDITAR: 1. Reflexionar o considerar sobre una pasada experiencia. 2. Buscar el significado o contenido de algo que ha ocurrido en el pasado. 3. Como se aplica en este libro, es encontrar el poderoso valor en cada conversación o interacción en la cual participas.

¡Estás otro paso más cerca de desatar al triunfador que hay en ti! Un hombre sabio dijo una vez: "No importa qué tan pequeña es tu tajada, siempre tiene dos lados". Esto es cierto, ya sea que se trate de un trozo de pan o del significado que puedas encontrar de un incidente en la vida. Otro de tus principales objetivos como experto en comunicación, es buscar el significado poderoso que deja toda conversación en la que participas. De esta forma puedes encontrar algo de valor para usar en futuras interacciones, útil en el desarrollo y fortalecimiento de tus relaciones interpersonales.

Por cuatro años consecutivos, del 2003 al 2006, la serie de televisión americana *"The Amazing Race"*, ganó el premio Emmy como el programa en vivo más competitivo en la franja popular, ganándole a series de CBS como *"Survivor"* (*"Sobrevivientes"*), de Fox *"American Idol"*, y de NBC *"The Aprentice"* (*"El Aprendiz"*). En el programa ganador, diez o más equipos compiten en una carrera alrededor del mundo siguiendo unas pistas e instrucciones para llegar a determinados lugares, y el último equipo en llegar al lugar determinado es eliminado de la carrera. Este proceso de eliminación continúa hasta que uno de los tres equipos finalistas cruza la línea final y gana el codiciado premio de $1 millón de dólares en efectivo.

Este equipo está compuesto por dos personas que tienen una relación extraordinaria entre ellos. Ejemplos de equipos pasados incluyen padre/hijo, hermanos, gemelos, matrimonios de largos años, compañeros de secundaria, parejas románticas (tanto heterosexuales como homosexuales) y parejas que están legalmente divorciadas y o comprometidas. Las adversidades de viajar y competir bajo circunstancias difíciles siempre dejan al descubierto tanto las fortalezas como las debilidades dentro de estas relaciones.

Cuando se le avisa al equipo que ha sido eliminado, Phil Keoghan, el anfitrión del programa, formula una pregunta sobre cómo le pareció a cada integrante participar en el concurso y en la mayoría de los casos ellos dicen que aprendieron mucho acerca de lo que es trabajar en equipo, pero de vez en cuando algunos equipos comentan que tuvieron dificultades para entenderse, y que estar en el programa hizo que cada uno sacara lo peor de sí. Ha sido la forma en que cada equipo interactúa (especialmente bajo presión y tensión) lo que ha hecho de esta serie de televisión se haya vuelto sustancialmente popular con el paso de cada temporada.

Ya seas un participante de un programa en vivo o una persona lidiando con las situaciones reales del diario vivir, es importante encontrar el valor que deja cada interacción que afrontas, para que de esta manera tengas una fuente de recursos en el aprendizaje diario que te conduce a tus metas.

APRENDE DE TU PROPIA ADVERSIDAD

Es fácil encontrar el valor de una conversación amena y que fluye de acuerdo a tu forma de pensar. El verdadero reto viene cuando la conversación se vuelve amarga o se transforma en una discusión fuerte, hiere los intereses individuales, daña relaciones establecidas por años, o cuestiona la clase de persona que eres. Cuando esto ocurre, un comunicador sabio debe encontrar lo bueno aún en la interacción más difícil.

Un ejemplo clásico de una buena conversación que se volvió amarga, tiene que ver con el jugador de futbol Joe Namath. En el incidente de diciembre del 2003, Namath hizo unos comentarios inapropiados a una reportera deportiva durante una trasmisión de un torneo nacional de futbol. Cuando la reportera Suzy Kolber de ESPN, le preguntó al jugador cómo se sentía frente a la pobre actuación de su equipo, el jugador le dijo: *"Yo quiero besarte, me importan muy poco las dificultades de mi equipo"*.

En una entrevista exclusiva durante el programa de CBS, *"Sesenta minutos"*, el deportista comentó sobre el vergonzoso incidente y dijo: *"Estaba bajo influencia y cuando tú estás bajo ese control, puedes llegar a pensar que tienes las cosas controladas pero es un hecho que no las tienes"*.

Namath, quien bebió mucho durante la mayor parte de su vida adulta, agregó que odia tener que lidiar con la vergüenza de este incidente y que se sintió muy mal con las repercusiones de esto sobre su familia, amigos y fanáticos, pero aún así dijo que se alegraba que esto le hubiera pasado: *"Este fue un incidente que me hizo ver clara-*

mente que necesitaba hacer algo radical". El incidente fue un catalizador que le sirvió para llevarlo al punto de rehabilitación contra el alcohol. Hoy, a sus 60's está sobrio y llevando un estilo de vida más estable. Un Namath rejuvenecido, ha reconocido que después de su devastador divorcio casi 20 años atrás, se siente optimista de tener otra oportunidad para el amor y el matrimonio.

El ejemplo de Namath ilustra el siguiente punto: No es lo que pase contigo durante alguna conversación lo que importa, sino lo que haces con lo que pasó. Si puedes encontrar algo que sea de un valor poderoso en las situaciones adversas, entonces será para provecho en tu vida y no para limitarte.

REGLA # 20: ENCUENTRA EL VALOR
DE CADA CONVERSACIÓN

Siempre hay una salida ante las experiencias de la vida, aunque es cierto que puede ocurrir que no sea la solución que esperas. Sin embargo, si eres sabio puedes encontrar valor en casi cualquier situación. Las siguientes preguntas te ayudaran a ver el provecho que encierra cualquier interacción, mirando más allá de las circunstancias y sus resultados finales.

🜨 *¿Qué hiciste bien?* Esta pregunta presupone que hiciste algo *correcto* en medio de la circunstancia y te corresponde encontrar uno o dos puntos acertados. El error que la gente comete frecuentemente al evaluar una situación, es mirar solamente el resultado final y no darse el crédito por las pequeñas cosas que se hicieron bien. Si miras con compasión hacia ti mismo, incluye lo adecuado que construiste a lo largo de lo que hablaste, escuchaste, evaluaste o respondiste. Tu trabajo es encontrar como mínimo algo que hiciste bien o no hiciste mal, antes de concluir sobre la situación en particular.

🜨 *¿Qué pudiste aprender de esto?* Independientemente de la solución, hay cosas que puedes aprender de la situación, aún si puedes identificar y reconocer tus errores, te servirá para no cometerlos la próxima vez que te halles en circunstancias similares. La clave en esta evaluación es asegurarte que identifiques el aspecto positivo. Por ejemplo, puedes recapacitar concluyendo: *"Reconozco que tengo unos hábitos hostiles que definitivamente debo cambiar"*. Esta conclusión es más valiosa que decir: *"Me odio a mi mismo por ser tan hostil".*

🌀 *¿De qué puedes estar orgulloso?* Por lo menos, puedes estar orgulloso de querer ser mejor, de lo contrario ni siquiera estarías leyendo este libro. A veces esta pregunta puede hacerte ver que estás enfrentando tus temores y haciendo uso de tus fortalezas. Puede tratarse de algo tan pequeño como tu voluntad para involucrarte en alguna conversación en lugar de esquivar cualquier contacto. Te lo repito, si miras profundamente con un sentimiento de confianza, no debes tener problema en encontrar por lo menos algo de lo que estés orgulloso.

🌀 *¿Dónde puede ser útil esta lección en el futuro?* Aunque la situación que estás evaluando ya pasó y haya sido un reto para ti, es importante saber cuándo puede volver a repetirse. De pronto la conversación fue con alguien rudo y tu tarea es poner un límite de tiempo con este tipo de personas. O puedes reconocer que cuando estás en un estado emocional muy agitado es mejor evitar contacto con otra gente y mejor ir a ver una película o hacer algo que te relaje y ayude a cambiar tu condición.

🌀 *¿Cuál es el aspecto humano profundo de tu historia?* A veces se requiere de sufrimiento para conectarse emocionalmente con los demás. Por ejemplo, todos hemos sufrido el dolor de una pérdida o una desilusión, lo cual nos hace sentir identificados con otros seres humanos. Mientras que pensar positivamente puede tener un aspecto algo robotizado, asegúrate de memorizar una pregunta como esta en tu memoria. Si la usas, te mantendrás con los pies en la tierra y estarás en comunicación con tu alma.

🌀 *¿Cuál es la parte divertida de la situación?* Esta pregunta está diseñada para separar la circunstancia adversa más importante de las circunstancias pequeñas que la rodean. Por ejemplo, mi amigo Fred y yo caímos en una discusión por la cuenta de cobro de unas cervezas que estábamos compartiendo mientras veíamos un partido de futbol. El lugar al que fuimos ofrecía un precio especial de dos cervezas por el precio de una junto con descuento por unas alas de pollo a la Búfalo, nachos y tacos. Luego de tres horas de comer y beber, nuestra cuenta sumó $28 dólares, pero iniciamos una discusión con respecto a cuánto debía aportar cada uno en proporción a lo que comió y bebió. Pocos días más tarde nos dimos cuanta de lo ridículamente tacaños que debimos parecerle a la mesera y estamos absolutamente seguros que ella nos va a recordar tan pronto nos vea el día que volvamos para ver el siguiente partido de futbol.

🕉 *¿Cómo puede servirte de inspiración?* A veces una caída del pasado le ayudará a las personas a obrar mejor que la vez anterior. Debes mantener muy en claro que el crecimiento personal requiere de un alto nivel de autodeterminación, la cual puede surgir de descubrir claramente lo que no estás dispuesto a repetir en tu comunicación con los demás. Antes de corregirte para bien, es importante que dejes de hacer lo que has estado haciendo mal.

🕉 *¿Cómo puede tu experiencia servirle de inspiración a otros?* No menosprecies la influencia que puedes tener en otros a través de tu ejemplo. De pronto en el pasado no has demostrado mucho en el nivel de autoconfianza y experiencia, pero con tu compromiso de apropiarte de estas "21 reglas" que están descritas en este libro, has mostrado una medida de crecimiento, carácter, y corazón, por la forma en que te caracterizas actualmente. Esto puede inspirar eventualmente a alguien más a seguir tus pasos, aún hasta sin decírtelo.

Haciéndote las preguntas reflexivas adecuadas puedes enfocarte en cuál es tu mayor beneficio. Esta disciplina te prevendrá de experimentar el dolor innecesario y excesivo que paraliza a la gente de tomar decisiones constructivas. Acepta que cualquier cosa que te pase puede ser una ganancia, siempre y cuando tengas la disciplina de convertir las experiencias en lecciones de vida valorables.

¡HAZ UN SABIA REFLEXIÓN
Y CONVIÉRTELA EN UN HABITO SALUDABLE!

Piensa en una experiencia emocional significativa del pasado. Puede ser algo doloroso como estar involucrado en un accidente automovilístico, enfrentar un temor muy profundo, o sufrir una humillación en público. De otra parte, piensa en otro evento que fue emocionalmente significativo, divertido, agradable y positivo para ti. La idea aquí es que escojas un momento especialmente memorable del pasado y utilices la lista de preguntas de este capítulo en búsqueda de la lección o lecciones de mayor valor para ti a lo largo de esa experiencia que escogiste.

¿Te ayudan esas preguntas a encontrar un nuevo valor en lo que te ocurrió? ¿Puedes ver cómo las preguntas adecuadas producen pensamientos constructivos que te ayudan en tu autoestima, autoconfianza y felicidad?

> *"Todo lo que tu experimentas es lo que te constituye en el ser humano que ERES, pero la experiencia pasa y la persona queda. La persona es el residuo".*
> —Ilke Chase
> *Escritora y arctriz americana (1905-1978)*

Puedes mantener un separador en la página en la cual comenzaron estas preguntas para que las localices con facilidad y recuerda que están allí a tu servicio, especialmente en momentos en que la adversidad te sale al encuentro. Retornando a las preguntas, puedes lograr que cualquier cosa que te pase funcione en tu *favor* y no en tu *contra*.

LO REALMENTE IMPORTANTE

Recuerda que para *"hablar como un triunfador"*, en un sentido más amplio, también debes *"meditar como un triunfador"*. Todo lo que tienes que hacer es seguir esta simple y poderosa regla: ***Encuentra el valor de toda conversación***. Una vez que comprendas la importancia de esta parte tan esencial en el proceso de comunicarte efectivamente, solo es cuestión de saber manejar tus ideas poniendo esta regla en práctica con propósitos claros, y ensayando constantemente hasta que se te convierta en un hábito natural. El mejor consejo que puedo darte es: si sencillamente te enamoras de *"hablar como un triunfador"*, todo este proceso será fácil para ti.

CAPÍTULO VEINTIUNO

TRIUNFA
CONSTRUYE TU REPUTACIÓN
CONVERSACIÓN
TRAS CONVERSACIÓN

"La perfección se logra poquito a poquito,
y sin embargo, no es cosa pequeña".
—Voltaire
Filosofo francés (1694-1778)

TRIUNFAR: 1. Cumplir una meta deseada. 2. Obtener un objetivo o logro favorable.

3. Como se aplica en este libro, es acumular una serie de pequeñas intervenciones que finalmente resultan en alcanzar mejores hábitos para una comunicación eficaz.

¡Felicitaciones! ¡Este es el paso final en tu asombrosa jornada para desatar al triunfador que hay en ti! Sin embargo, debes saber que lograr el éxito en tu forma de comunicarte no será algo que ocurrirá de la noche a la mañana. Si trabajas en los ejercicios planteados en este libro, día tras día, la suma de tus esfuerzos por alcanzar mejores formas de comunicarte automáticamente te ira permitiendo obtener el éxito que deseas. Es solo mediante la práctica diaria que obtendrás y se mantendrás esta condición. Alcanzar las metas en cualquier área de tu vida es un proceso que ocurre paso a paso.

Por 30 años, ver el programa nocturno de la televisión americana "The Tonight Show Starring Johnny Carson" fue casi un rito de todas las noches para millones de americanos. La inteligencia veloz, el sentido del humor, y el natural encanto de este conductor de televisión, lo hizo uno de los personajes más amados por los televidentes de su época.

Comenzando de unas raíces humildes de la parte del medio este, Johnny Carson pagó su precio por triunfar, aprendiendo trucos de magia en su juventud, trabajando como ventrílocuo, entreteniendo a los marinos de la Armada Naval durante la Segunda Guerra Mundial, haciendo comedia y propagandas de radio, animando programas de concursos en televisión, y escribiendo chistes para el legendario comediante Red Skelton.

Durante su carrera de 30 años en su programa de televisión, Johnny Carson gano seis premios Emmy. Además en 1987 fue agregado al Hall de la Fama de la Televisión. Sorprendentemente, luego de su retiro del programa en 1992, Carson rara vez apareció en público. Sus amigos cercanos sabían que él era un hombre muy tímido, en contraste a la percepción que tenía el publico de él como el anfitrión que es el alma de la fiesta, que era lo que habían visto en el programa durante todos esos años.

Cuando le preguntaron por el éxito de su tremenda carrera, Johnny Carson dijo: *"Mi éxito surgió de trabajar fuertemente a diario en el negocio".* El más popular conductor en la historia de programas nocturnos de opinión por televisión, no se volvió exitoso de un día para otro, sino que fue consiguiéndolo en su lucha sabia y constante día tras día.

Bien sea que eres un conductor de programas televisivos y has ganado premios de excelencia o eres una persona tratando de establecer unos hábitos de comunicación mejores, el éxito que logres será el resultado directo de esfuerzos acumulados. Si trabajas sabia y esforzadamente para ser cada vez mejor, tu victoria será cuestión de tiempo.

ADOPTA LA ACTITUD DE
"DISFRUTAR MIENTRAS TRABAJAS"

Mucha gente se rinde en su jornada hacia lograr el cumplimiento de sus metas con respecto a sus habilidades para comunicarse eficazmente. Para muchos, si el camino a lograrlo deja de ser fácil y divertido, lo mejor es simplemente renunciar y buscar otra cosa en la cual ocuparse. Esta se describe como *"la actitud de solo diversión y nada de trabajo"* para lograr el éxito.

Otra gente se rinde cuando el camino se vuelve frustrante a pesar del esfuerzo y la disciplina. Renunciar parece convertirse en una buena opción cuando la persona se esfuerza bastante pero los resultados no son ni cercanos a los que se pretenden. Esta es *"la actitud de todo trabajo y nada de diversión".*

Un buen ejemplo de cómo la gente aplica estas dos clases de filosofías, se da en el juego del golf. El jugador que *"solo juega pero no trabaja",* es considerado como un *"pirata"* del golf. Es la clase de persona que juega por la diversión pero cuando el juego comienza a ponerse difícil, retador o menos placentero, lo abandona para dedicarse a otro deporte o actividad.

El que *"solo trabaja pero no se divierte"* es la clase de persona que busca la perfección adquiriendo la mejor calidad de palos, contrata el mejor entrenador personal, y trabaja con gran seriedad en el juego durante todos sus ratos disponibles, pero de alguna manera y a pesar de todo eso, resulta más frustrado que satisfecho con su desempeño y finalmente este jugador tan "afanado" termina totalmente quemado y no queriendo saber nada del deporte nunca más en su vida.

"Son solo esos pequeños golpes después de los cuales
El hombre promedio se rinde,
Los que hacen que el experto triunfe".
—Orison Sweet Marden*
Autor de "How To Succed" (1896)

La solución para convertirse en experto en el "golf de la comunicación", radica en ser un tanto casual como el "pirata" y tan intenso como el "afanado". Haciendo el esfuerzo de convertir en mejor cualquier experiencia de trabajo y diversión, tendrás mejor oportunidad de manejar excelentemente cualquier cosa que te propongas hacer. Tienes que convertirte en un estudiante juicioso de tu actividad, y a la vez disfrutar del proceso que se requiere en el camino. Yo le llamo a esta combinación de las dos filosofías, *"la actitud de disfrutar mientras trabajas".*

Debo agregar que los únicos verdaderos fracasados en el golf, la comunicación y la vida en general, son aquellos que nunca trataron o se rindieron pronto. Cuando te des cuenta de eso, comenzarás a encontrar formas de mantenerte en el juego para llegar a recibir los inevitables beneficios que solo son para los que le dan a las cosas importantes de la vida un enfoque insistente y un compromiso sin fin.

REGLA # 21: CONSTRUYE TU REPUTACIÓN CONVERSACIÓN TRAS CONVERSACIÓN

Estas son algunas de las formas en que puedes construir y mantener una reputación de triunfador, por la manera en que te comunicas efectivamente con la gente de tu entorno:

🔹 ***Incrementa el número de tus conversaciones:*** Una de las mejores formas de mejorar tus habilidades de comunicación, es incrementando la posibilidad de hablar con otras personas y conociendo gente nueva. Esto te forzará a practicar tu atención hacia las habilidades de la gente y a hacer uso de las tuyas con mayor regularidad. Como mínimo trata de engancharte en una conversación diaria, con la consciencia que, iniciar una conversación, como cualquier otra actividad, al comienzo resulta difícil pero posteriormente se va haciendo más fácil con la práctica diaria.

🕉 *Aprende de toda experiencia:* Encuentra al menos una cosa buena que hayas hecho en cada conversación que entablaste. Del lado positivo, puede ser que le permitiste a la otra persona compartir su parte o que iniciaste la conversación amistosamente. Del lado negativo puede ser que hablaste demasiado o que te enganchaste en una discusión fácilmente. El punto aquí es que no pases por alto lo que haces bien y que identifiques lo que puedes hacer mejor la próxima vez.

🕉 *Acepta los inevitables estancamientos:* Alguna gente notará progreso inmediato en su habilidad de comunicarse cuando comienza a aplicar las reglas propuestas en este libro. Pero sin importar cuánto tiempo se van a demorar los resultados en tu vida, habrá momentos en que inevitablemente no verás avances. Esos "estancamientos inevitables" son momentos de invertir más fe y perseverancia en ti mismo. Estos no son tiempos de rendirte o quedarte enterrado en tu frustración. Los estancamientos son parte de la realidad que todos afrontamos en la búsqueda del triunfo y es el momento en el que debemos dedicarnos a volvernos "expertos" y no "piratas" de la comunicación. Reconoce que el camino a seguir en la búsqueda del éxito en cualquier área, es como una escalera y no como una rampa directa e inclinada hacia arriba.

🕉 *Retoma rápidamente:* Mientras más tiempo te quedes estancado, más propenso estás a darte por vencido. Tan cierto como saber que el sol nace por el oriente, un experto comunicador sabe que cosas muy interesantes le esperan a los estudiantes que permanecen comprometidos. En el campo de la comunicación, esta actitud equivale a mayor efectividad durante situaciones difíciles, más diversión en todas las interacciones, y alto sentido de verdadera autoconfianza.

🕉 *Retarte a ti mismo:* Asegúrate que no todas tus conversaciones sean fáciles. No te limites a simplemente charlar informalmente con tus amigos. Si tu meta es ser un experto y expandir tu radio de influencia, entonces tendrás que preocuparte por sostener conversaciones más difíciles y la mejor forma de hacerlo es comprometiéndote a conversar con alguien que no sea parte de tu grupo de amigos. Idealmente, sería con una persona que tú consideras como experta en comunicarse para que puedas aprender y adquirir más estrategias. Con esta práctica estarías saliendo de tu zona de confort y ensanchando tus habilidades.

🕉 *Refuerza tu positivismo con tu forma de pensar:* Por ahora, tienes una mejor perspectiva del tipo de persona en que te estás convirtiendo. Cuando las cosas no salen bien, aún así asegúrate de reforzar tu positivismo con pensamientos tales como que estás siendo valiente, persistente y laborioso en la búsqueda de tu éxito. De otra parte, si las cosas te salen bien debes felicitarte a ti mismo con pensamientos como: *"Si, definitivamente soy una persona imparable"* o *"Puedo lograr cualquier cosa que me proponga".*

🕉 *Celebra hasta los triunfos más pequeños:* Con cada triunfo, no importa qué tan pequeño sea, asegúrate de congratularte con reconocimiento. De pronto puede ser compartiendo con un buen amigo, o puedes escribiendo tu logro en una tarjeta y poniéndola en la puerta de tu nevera (como hice la primera vez que aparecí en un programa de televisión). La cuestión es encontrar una forma de expresar tu sentir interior. Esto es algo sencillo de hacer pero importante para permanecer comprometido con tus sueños, aún si la experiencia parece superficial o un poço trivial.

Tu jornada hacia el éxito en la comunicación diaria se alcanza mediante la construcción de tu buena reputación conversación tras conversación. Cuando muestras un modelo consistente de excelencia en tu forma de hablar, escuchar, evaluar y responder, los demás se convencerán de la clase de individuo exitoso que verdaderamente eres. Y de ahí, es cuestión de la naturaleza humana para que otros distribuyan buenas opiniones acerca de ti a todos los que conocen. Todo lo que se requiere es tener el carácter para hacer de esto tu prioridad importante en la vida.

RECUERDA AGRADECER A LO LARGO DE TU JORNADA

En tu camino a una comunicación excelente, recuerda sacar un momento para agradecer aquí y allá. Da gracias al cielo por la oportunidad de aprender y ser mejor, agradece a la gente que te ha ayudado a conseguir tus metas más altas. Ofrece amor y perdón a los que fueron incrédulos a tu compromiso para conseguir la excelencia en tu forma de comunicarte, pero solo lo hicieron para protegerte del dolor de la frustración y el disgusto.

Y de ultimas pero no menos importante, date gracias a ti mismo por tener el coraje y la fortaleza para mejorar tu vida a través de un trabajo duro y consistente.

¡Qué valiente!

LO ÚLTIMO MAS IMPORTANTE

Recuerda que uno de los secretos más importantes de una vida de felicidad y llena de metas cumplidas, es construir tu futuro más brillante y prometedor que tu pasado. Además, tiene todo el sentido que inviertas totalmente en tus hábitos de comunicación. En el análisis final, tu habilidad para saber comunicarte efectivamente tendrá mayor influencia en el grado del éxito que alcances y de la felicidad que experimentes en tu vida.

"No hay camino muy largo para el hombre que avanza
deliberadamente y sin duda.
No hay honores demasiado distantes para el hombre
que se prepara a si mismo
Para ellos, pacientemente".
—Jean De La Bruyere
Moralista francés (1645-1696)

Como todas las cosas de valor profundo en la vida del ser humano, alcanzar el éxito requiere una actitud sobresaliente sin lugar a dudas ni negativismo, dedicación a tu propósito más alto, trabajo serio pero divertido, y elecciones personales sabias. La buena noticia es que en el área de la comunicación tu jornada al éxito ya no es tan complicada, laboriosa, o perturbadora como antes de comenzar a leer este libro.

Todo lo que tienes que hacer es seguir unas *"reglas simples"*... en cada pequeña conversación a la vez.

¡Buena suerte y Dios te bendiga!

SOBRE EL AUTOR

Steve Nakamoto es un experto comunicador y relacionista, instructor de Dale Carnegie & Associates y entrenador de desarrollo personal para NLP, para el mundialmente reconocido experto motivacionista Anthony Robbins.

Steve también ha invertido varios años como director de giras internacionales, liderando a sus clientes es vacaciones de primera clase. Con más de 200 cruceros, vacaciones de Club-Med y tures de vacaciones en general, el autor ha tenido mucha experiencia de primera mano aprendiendo sobre hombres y mujeres de todas las edades, antecedentes y culturas.

Su primer libro "Men Are Like Fish: What Every Woman Needs To Know About Catching A Man" "Los hombres son como peces", recibió mención honorable de reconocimiento en la premiación de libros en la categoría no-ficcion de Writer's Digest del 2000. Su segundo libro "Dating Rocks: The 21 Smartest Moves Women Make For Love"* quedó nominado como "el mejor libro finalista" para USABookNews.com en el concurso del 2006. Dicho libro también recibió mención de honor en el International Book Award de Writer's Digest del 2006.

Steve ha participado en más de 200 programas de radio y de opinión en televisión, incluyendo el de NBC "The Other Half", protagonizando Dick Clark, Mario Lopez, Dorian Gregory y Danny Bonaduce y actualmente trabaja como experto en relaciones interpersonales para iVillage.com en el popular foro de discusión vía internet "Ask Mr. Answer Man", en donde el ofrece una honesta opinión desde la perspectiva de hombre sobre temas cotidianos a mujeres alrededor del mundo.

COMENTARIOS DEL LECTOR DESPUÉS DE CONOCER EL LIBRO

"Opiniones del libro hechos por lectores, para lectores"

El propósito de la comunicación es llevar nuestros mensajes a otros en forma clara y explícita. Sin embargo esto requiere trabajo de parte de quien los envía y de quienes lo reciben. Sabemos que los mensajes están cargados de errores, malas interpretaciones, confusión, esfuerzos perdidos, y en muchas ocasiones oportunidades desperdicias. El fracaso surge en el momento en que tanto el que envía como el que recibe el mensaje no se están comunicándose efectivamente.

Steve Nakamoto en su reciente publicación "Talk Like A Winner! 21 Simple Rules For Achieving Everyday Communication Succes" ("Habla como un triunfador") le ayuda al lector a comunicarse mediante la combinación de ideas y pensamientos efectivamente, eliminando fallas en la comunicación.

Nakamoto ofrece unos pasos concisos y sencillos para evitar riesgos en la forma de expresar ideas y pensamientos efectivamente en forma verbal o escrita. Sus técnicas proveen unos puntos de vista para comunicar eficiente y satisfactoriamente en situaciones personales y laborales.

Algunos de los pasos que Nakamoto cubre son: *pensar, aprender, adquirir, enganchar, congratular, preguntar, reflejar y triunfar.* Estos pasos van conectados secuencialmente y desde e principio del libro el aclara que son para aprender a hablar en *privado* y no en *público,* aunque una vez involucrado en el tema, muchas reglas aplican a los dos estilos de conversación. Hay varias formas de usar el libro de Nakamoto que están sugeridas al principio. Para el propósito de esta revisión, yo sugiero dar una mirada rápida para captar los principales aspectos que se le ofrecen al lector. Luego volvería al comienzo del libro y tomaría un paso semanal a la vez y me concentraría en mejorar siendo consciente de ese paso en toda mi comunicación diaria.

Me gusta la forma en que Nakamoto nos ayuda a entender las circunstancias que rodean cada situación y nos da pautas directas para mejorar. También me gusta la sección *"Lo más importante"* después de cada capítulo. Las palabras de sabiduría resumen todo la unidad y llevan al lector *"un paso más cerca a hablar como un triunfador".*

"Talk Like A Winner" (*"Habla como un triunfador"*) es altamente recomendado para todo individuo que quiere pulir su autoconfianza, desarrollar nuevas habilidades para comunicarse, construir relaciones más fuertes, o aprender a ayudarle a otros a sacar lo mejor de sí. Lo que sea que el lector elija mejorar, lo más importante será que va a *"¡Hablar como un triunfador!*

MODELOS INCONSCIENTES
DE COMUNICACIÓN

Durante siete años aprendí y apliqué muchas técnicas avanzadas de comunicación trabajando como entrenador de desarrollo personal para el experto y reconocido motivador Antony Robbins en sus seminarios de Maestría a nivel universitario.

Lo que pude concluir es que algunas técnicas que son inconscientes en la forma de comunicarnos, valen la pena manejarlas porque son fáciles y sencillas de aprender. Sin embargo, otros métodos son extremadamente difíciles de manejar y hacen que un comunicador novato parezca como alguien, bien sea extraño o manipulador.

Basado en mi experiencia, aquí hay algunas cosas simples de hacer y especialmente de evitar cuando estás tratando de conectarte a un mismo nivel con alguien que te relacionas en tu diario vivir. (Nota: Algunos de los métodos que siguen, pueden ser usados en forma más compleja y se mencionan aquí en beneficio de aquellos que ya están familiarizados con esta clase de estudios sobre las técnicas inconscientes en comunicación):

- ✤ En primer lugar, es importante que estés y te sientas cómodo.
- ✤ Adapta el tono de voz y la velocidad de tu discurso a la de tu interlocutor.
- ✤ Interpreta las palabras, frases, jerga y dichos de los demás.
- ✤ Busca un nivel de comodidad en la frecuencia del contacto visual.
- ✤ Encuentra equilibro en la proximidad y espacio con tu interlocutor.

- ⚜ Halla equilibrio entre el tiempo de hablar y escuchar.
- ⚜ No interrumpas sus pensamientos con tus risas extremas y ruidosas.
- ⚜ No interrumpas sus pensamientos con demasiados ademanes.
- ⚜ No interrumpas sus pensamientos con expresiones faciales exageradamente acentuadas.
- ⚜ No sobreutilices los dichos coloquiales.
- ⚜ No malinterpretes las miradas ni el contacto visual.
- ⚜ No trates de imitar otras formas de hablar (tonos nasales, acento diferente).
- ⚜ No trates de persuadir con órdenes invasoras o interpretaciones tuyas.
- ⚜ No utilices preguntas ni muletillas tan frecuentemente, como: *"¿No es cierto?", "¿Me entiendes?"*, etc.
- ⚜ No intentes ninguna técnica de persuasión física (Tocar al interlocutor).
- ⚜ No trates de imitar a tu interlocutor.
- ⚜ No te sobreactúes con mímicas corporales ni movimientos de manos.
- ⚜ No sobreutilices preguntas en el esfuerzo para redirigir su enfoque.

LO MÁS IMPORTANTE

Maneja formas fáciles y naturales de conectarte y preocúpate por ser una persona más receptiva, agradable y cálida. De esa manera el crédito será para quien realmente eres, en lugar de utilizar trucos manipuladores de persuasión. Confía en que el vínculo verdadero entre la gente es la naturaleza humana y espiritual.

ESTRATEGIAS PARA MANEJAR EL ENOJO

Si quieres ser respetado y apreciado por otros, la forma más simple de lograrlo es comenzar por entender y apreciar a los demás primero y así podrás estar en una mejor posición para recibir aprecio en retorno. Para ayudarte a manejar una mentalidad más recursiva, aquí hay algunas estrategias para mantener tus momentos de enojo reducidos al mínimo: (Si vienes de una crianza amorosa, será más fácil)

☗ *SI LA ACCIÓN QUE CAUSA HERIDA O DOLOR FUE SIN INTENCIÓN, ENTONCES SOLO LLEGA A UN PEQUEÑO ENOJO:* La gente a veces hace o dice cosas que hieren inadvertidamente a los demás y debes dejar pasar el incidente porque la acción no fue para herirte.

☗ *SI LA ACCIÓN NO FUE EXCESIVA, ENTONCES SOLO DEBES MOSTRARTE LIGERAMENTE FASTIDIADO:* La gente a veces dice o hace cosas que en pocas ocasiones molestan ligeramente, pero si se dan cuenta del efecto de sus acciones, rápidamente lo eliminan. Puedes manifestarlo con medida.

☗ *SI LA ACCIÓN NO FUE INAPROPIADA, ENTONCES PUEDES SENTIRTE LIGERAMENTE POR DEBAJO DE LO COMÚN:* A veces una acción dolorosa es necesaria porque fue hecha para prevenir una pena mayor y en este caso la acción es válida porque fue ejecutada en un contexto adecuado.

*SIN EMBARGO, SI EL ACTO INCLUYE LOS TRES AS-
PECTOS (INTENCIONAL, EXCESIVA E INAPROPIADA)
ENTONCES PUEDES HACER LO SIGUIENTE:*

- ✤ *ENMARCA TU INTENTO POR ADELANTADO:* Di que en un momento tú vas a compartir algo que puede ser brevemente doloroso pero es en beneficio de mantener una larga y agradable relación.

- ✤ *PIDE PERMISO PARA COMPARTIR:* Con respecto a lo que vas a decir, di que solo compartirás lo que quieres decir si ellos lo permiten. Di que no quieres tomarlos por sorpresa y quieres evitar que lo que vas a decir sea más doloroso de lo que realmente es.

- ✤ *ESPERA SU PERMISO:* Si tienes permiso, insiste preguntando: *"¿Estás seguro?"* o también puedes decir: *"Estoy listo cuando tú estés listo".*

- ✤ *FIJA TU POSICIÓN CLARAMENTE:* Comienza diciendo: *"Lo que me hiciste fue injusto para mí como persona".* Haz una pausa y enuncia tu posición clara y sustancialmente y después enuncia lo que esperas en retorno.

- ✤ *TERMINA LA BATALLA:* Si ves que tu estás comenzando a dirigirte negativamente, para de inmediato y termina la conversación diciendo: *"Todo lo que puedo decir es que no estoy enojado sino disgustado. Yo se que tu eres mejor persona que eso".*

NOTA: Disciplina tu disgusto cuando la causa es menor pero se fuerte cuando las consecuencias son mayores. La gente comprensiva respetará las manifestaciones de tu carácter cuando las situaciones sean importantes y vean que no te estás basando innecesariamente en pequeñas molestias.